「小一の壁」を検証する

就学の社会学

酒井 朗［編著］

勁草書房

「小一の壁」を検証する——就学の社会学／目次

序章　「小一の壁」への関心の高まり……1

1. 一年生になったら――一九六〇年代と今　1
2. 「小一の壁」の打破は「喫緊の課題」　5
3. 就学の社会学　8
4. 通時的視点と多様な家族状況への目配り　10

一章　就学の二つの意味と日本の就学制度……13

1. 「就学」の二つの意味　13
2. 日本における就学の制度的特徴　14
3. 一九一〇年代までの就学をめぐる国家と保護者の軋轢　16
4. 在学問題としての長期欠席・不登校問題　19
5. 就学問題の再浮上　21

二章　就学に関する社会学的研究と本書のねらい……25

1. 就学に関する社会学的研究　25

序章　「小一の壁」への関心の高まり

1．一年生になったら――一九六〇年代と今

いちねんせいになったら
いちねんせいになったら
ともだちひゃくにんできるかな
ひゃくにんでたべたいな
ふじさんのうえでおにぎりを
ぱっくんぱっくんぱっくんと

これは一九六六年に発表された、「一年生になったら」という童謡の一節である。作詞は「ぞうさん」や「や

ぎさんゆうびん」「ふしぎなポケット」などの作品で知られるまどみちお、作曲は山本直純。山本は子ども向けの曲のほかに、「男はつらいよ」などの映画音楽やCMの作曲でも著名な作曲家であり指揮者でもあった。山本が作曲したチョコレートのCMの、「大きいことはいいことだ」というキャッチコピーは、当時の流行語にもなった。

「一年生になったら」が作られた一九六〇年代半ばの日本は、高度経済成長の真っただ中にあった。学校教育では、その成長を支える人材育成のために、カリキュラムの高度化が叫ばれていた。不登校の児童生徒は非常に少なく、中学校でも全校に一人いるかいないかであった。この童謡は、そうした時期の小学校への入学の、明るく幸福で壮大なイメージを歌ったものである。子どもだけでなく、子どもを見守る大人たちにも、小学校就学のこうしたイメージが共有されていたからこの歌が作られ、人々の間に広まったのだろう。

もちろん六〇年前の保護者も、子どもの小学校入学時の悩みや心配は絶えなかったと思われる。だが、当時はそうした声が新聞などのメディアで取り上げられることは少なかった。

試みに一九六〇年代の朝日新聞の記事について、「入学」をキーワードに検索してみたところ、その多くは高校入試や大学入試に関する記事であり、小学校入学に関する記事は数えるほどで、しかもすべて地方版の記事であった[1]。

当時の都内の小学校入学をめぐる一番の問題は越境入学であり、一九六五年一〇月一七日には、「考え直そう　越境入学　子どもに心の重荷」という記事が掲載されている。その他は、保護者に対して入学に向けた心構えや準備の仕方を説く記事（「〝ガッコウ生活〟を楽しく　新入学児童を持つ親の心得帳」一九六一年三月一三日、「ランドセル　入学期を前に　その買いかた」一九六四年二月一二日、「入学前のしつけと学習　現場の先生方に聞く」一九六七年一月一四日）が見られた。

「一年生になったら」が発表された一九六六年の二年前、一九六四年四月六日には、「都内の小学校で入学式」という記事が掲載された。その書き出しは以下の通りである。

さあ、ボクらは一年生
今日から楽しい一年生。六日、都内の大部分の小学校で入学式が行われた。二年生以上にとっては始業式。今日から新学年だ。このところ続いたバカ陽気で、各地のサクラは満開。

一年生を指す呼称が「ボクら」であることや、「バカ陽気」といった言葉遣いに驚かされるが、内容は童謡とよく似た明るい前向きのトーンであることが分かる(2)。

では、それから六〇年あまり経った二〇二〇年代の今はどうだろうか。

子どもたちは、今も真新しいランドセルを買ってもらって小学校に上がることをわくわくしながら楽しみに待っているかもしれない。しかし、保護者の声として聞こえてくるのは、子どもの入学を待ち望む、明るく幸せな心持ちよりも、心配や悩みごとのつぶやきや訴えである。

その一つは、入学する子どもについての心配である。小学館集英社プロダクションが二〇一九年に実施した「小学校入学に関するアンケート調査」によれば、保護者が不安に思っているのは、一位が「子どもの学校生活全般」(三七・六％)、二位「お友だちとの関係」(二七・五％)、三位が「学習に関する不安」(二六・七％)であった(3)。椋田(2014)も、小学校入学直前の保護者(母親)一六名に対するインタビュー調査から、調査した保護者の半数以上が、小学校就学にあたり、子どもが友だちとうまくやっていけるか、小学校に適応できるか、小学校で自己主張ができるかどうかについて案じていたことを指摘している。保護者は小学校にあがる我が子の成長を喜び、小学校に期待をしつつも、入学前と入学後の環境の変化や人間関係に不安を抱えていることが分かる。

もちろん、こうした子どもの学校適応に関する不安は、「一年生になったら」が作られた一九六〇年代の保護者も感じていたことと思われる。当時の新聞の家庭欄や投書欄には、入学を迎える子どものことで悩む保護者の様々な心配を取り上げた記事が掲載されている。以下はその一例である。

・「新入学を心配するママへ」読売新聞、一九六四年三月一七日
・「新入学児をもつ母親の質問——神奈川県の〝ワイド相談〟から：心配事は皆同じ　学識者からの多角的な助言」朝日新聞、一九六五年三月四日
・「新入学を前に　先生への注文、おかあさんへの注文」読売新聞、一九六五年三月二九日
・「相談室　教育　小学校入学を前に心配」読売新聞、一九六七年一月六日
・「相談室　教育　入学前に字を教えた方がいいか」読売新聞、一九六八年一月二六日

ただし、最近は、こうした子どもに関する心配や不安だけでなく、保護者自身の心配や悩みに関する記事や報告もしばしば見かける。近年、働きながら子どもを育てている保護者が非常に増えており、様々なメディアがそうした保護者の心配事を取り上げるようになった。たとえば、二〇二三年六月一五日の読売新聞の悩み相談コーナー「人生案内」には、以下の投書が掲載されている。

三〇代の女性。二人の未就学児を育てる時短勤務の会社員です。夫や保育園の力を借りて育児、家事、仕事を何とかまわしています。しかし、現状を保てるのも上の子が小学校に上がるまでと思っています。預け先が

なくなる「小一の壁」を考えると一度キャリアをとめることも仕方がないかなと考えています。私には若い頃、夢があり、学校にも通いました。生計を立てるのは難しいとあきらめて今の会社に就職しました。子育てのために会社をやめた後、パートで働く手もありますが、本意ではありません。何か趣味でもと思いますが、目指した夢以外にやりたいことが思いつきません。仕事も趣味もなく無気力になるのが怖いです。今は自分のことよりも子どもや家庭を優先しており、限られた時間やお金の中で、自分自身を満たすためにどうすればいいですか。（埼玉・Ｈ子）

子どもに関する心配事とともに、こうした働く母親の心配や不安が報じられているのである。

2．「小一の壁」の打破は「喫緊の課題」

前記の投書にも見られるように、近年このような保護者の悩みが、「小一の壁」と呼ばれ、関心が高まっている。「小一の壁」とは、共働きの家庭において、子どもの小学校入学に際し、仕事をどうするか、放課後の子どもの面倒を誰がどうやって見るかなどで悩み、仕事を辞めることや勤務時間を変えることを余儀なくされるという問題である。「小一の壁」は、この時の様々な困難を「壁」として、すなわち乗り越えるのがたいへん難しい障害物のようなものとして描こうとする。

ネットや新聞記事を検索すると、就学年齢の子どもを持つ保護者の悩みを表すキーワードとして、この「小一の壁」という言葉がしばしば登場する。たとえば、二〇二四年一月から七月までの朝日新聞と日本経済新聞の記事のタイトルを検索すると、以下のような記事が見られる。

【朝日新聞】

・（どうする？　埼玉の学童：１）　小一の壁　落選→退職、キャリア積めず、二〇二四年五月四日朝刊、埼玉全県

・朝の預かりで「小一の壁」解消へ　横浜・山中竹春市長、二〇二四年一月四日　朝刊、神奈川県

・早朝の児童、小学校で見守り「小一の壁」、働く保護者の要望に応え、二〇二四年十二月十五日朝刊、東京都

【日本経済新聞】

・学童の待機児童一・八万人、五年ぶり最多「小一の壁」なお深刻、二〇二四年七月二〇日　朝刊

・「小一の壁」解消へ七時開門　体育館開放、朝から見守り　自治体が共働き支援、二〇二四年五月一日　朝刊

・共働き世帯「小一の壁」崩せ　首都圏、学童待機児童の対策急務　墨田区、三クラブ新設　定員３０００人に増、二〇二四年二月二九日、地方経済面　東京

・学童待ち解消、政治に期待「小一の壁」高く一・八万人　預け先・柔軟な働き望む声、二〇二四年一〇月二六日朝刊

ＮＨＫでも、二〇二四年四月二六日に「〝小一の壁〟をみんなで乗り越えていくために」というラジオ番組が放送された。

インターネットにも、以下のような、「小一の壁」に関するネット記事が数多く掲載されている。

・新田ミキ「「小一の壁」小学校入学で生活が一変、働く親たちを悩ませる〝想定外の事態〟五選、日刊SPA!」、二〇二四年五月二日、https://nikkan-spa.jp/2000384
・「小一の壁」どう乗り越える？　スタートダッシュより大切なことは【親野先生×保護者座談会】Gakkenキッズネット、二〇二四年四月一日、https://kids.gakken.co.jp/parents/education/240401/
・小一の壁が発生する原因とは？　入学前の対策と入学後の対応を解説、コエテコ、二〇二四年四月一日、https://coeteco.jp/articles/12291
・「先輩パパ・ママが感じた「リアル小一の壁」。「学童も嫌だと言って…」「入学直後は短縮授業」「天候による急な休校」「仕事を退職」」マイナビ子育て、二〇二四年三月一九日、https://kosodate.mynavi.jp/articles/33302
・六四％のワーママがぶつかった「小一の壁」……みんなが苦労したこと七選、With class、二〇二四年三月二日、https://withonline.jp/with-class/education/unagimama-survival/9HwbV

さらに興味深いことに、「小一の壁」は、最近の政府の子ども関連施策のキーワードにもなっている。二〇二三年三月一三日、当時の岸田文雄首相は参院予算委員会の答弁において、「小一の壁」を打破することは「喫緊の課題」だと述べた。このことを報じた朝日新聞の記事によれば、首相は前記のように述べた上で、「『放課後児童クラブ』整備を進め、昨年の登録児童数が過去最高を更新したと述べた一方で、待機中の児童が一万五千人に上ると説明。『小一の壁にしっかり向き合っていきたい』と強調した。」という。また、二〇二四年九月の読売新聞オンラインの報道によれば、こども家庭庁は「小一の壁」と呼ばれる問題について、同年秋、市区町村に対し、初めての全国調査に乗り出した。(4)

このように現代の日本社会では、子どもの小学校入学時に就労する保護者が抱える悩みがクローズアップされ、政府もその対応を重要な政策課題に据えている。就労する保護者達の悩みがこのように大きな社会問題として注目を浴びている理由は何か。なぜ政府は、「小一の壁」への対応を喫緊の課題として対応しようとしているのか。また、保護者の中には就労していない者もいる。そうした人も含めて、実際のところ、今の保護者は子どもの入学をどのような思いで迎え、どのような心配、不安や悩みを抱えているのだろうか。

3. 就学の社会学

本書は、以上の問題意識に基づいて、「小一の壁」への関心の高まりを手がかりに、なぜいま「小一の壁」が注目されているのか、また、保護者たちは本当のところは、自分の子どもが学校に通い始めることをどのように捉えているのかを明らかにする。

なお、子どもが学校に通い始めることは、「入学」と呼ばれ、ここまでは主にこの言葉を用いてきた。しかし、「入学」は学校に入る一時点を指すことが多い。だが、保護者にとっては、その一時点に関心があるのではなく、自分の子どもが学校に入学して通い続けることに関して、様々な悩みや心配、困難を感じている。それゆえ、以下では、「入学」の代わりに「就学」という言葉を用いる。

次章で詳しく解説するように、就学とは学校に入学し在籍することの全体を指す概念であり、とくに義務教育段階の学校への入学・在籍を指す。就学には中学校への就学も含まれるし、特別支援学校や義務教育学校などへの就学も含まれる。しかし、ここでは、大半の子どもが義務教育の最初の段階として通うことになる、小学校への就学に絞って検討する。(5)

「小一の壁」として問題になっていることとは、一つは朝の学校の開門時間が遅いため、保護者が出勤時間を遅らせなければならないことであり、もう一つは放課後に学童保育に入れず待機児童となってしまい、保護者が就労を続けられなかったり、就労先を変えなければならなくなること、あるいは学童保育に入れたとしても終了時間が早いため、時短などを使って勤務を早めに終えなければならないことである。つまり、「小一の壁」の一方は、小学校に関わる問題であり、他方は学童保育に関わる問題である。それゆえ、論者によっては、この二つは別々の問題だと捉える向きもあるだろう。しかし、保護者から見れば、いずれも就学時の困りごとである。また、両者が区別されるのは、日本の行政が学校と学童保育を分離して統括しているからであり、たとえばイギリスでは教育省がこの二つを統合して管轄している（池本 2014）。こうしたことから、本書は学校ならびに学童保育に通うことの双方を含めて、政府や各自治体による就学施策と捉え、その在り方とその下での保護者の経験を分析する。

保護者は、子どもが就学を迎えて初めて、学校に通うことが家庭生活や子育てにもたらす影響を実感する。それゆえ、就学時に保護者が経験する様々な思いや困難の内容を見ていくことにより、今の日本において、子どもと保護者にとって学校はどのような存在であるのかを把握することができる。

また、「小一の壁」の社会問題化の究明は、国、社会、学校、家庭が、相互にどのような関係に置かれているのかを理解する手がかりとなる。本書は、就学をめぐるこれらの課題の解明を「就学の社会学」と名付け、取り組んでいく。

4．通時的視点と多様な家族状況への目配り

以上の課題を解き明かす上で留意したいのは、各家庭にとって子どもの就学が持つ意味合いは時代により変化しており、近年その変化が著しいと見られることである。そのため、就学をめぐる現状を理解する上では、通時的な視点が強く求められる。

次章で詳しく見ていくように、日本に学校教育制度が導入された後、家庭と学校の間には長期間にわたりさまざまな軋轢が見られた。その理由の一つは、家計の維持のために子どもも働かなければならなかったことがある。また、近代的な学校教育が求める諸手続きを嫌がる保護者も多かった。しかし、就学がすべての人々に慣行として定着すると、各家庭には子どもが学校に通うことを前提とした生活が求められることとなった。やがて一九六〇年代になると、就学年齢の子どものうち、就学免除・猶予になった子どもを除けば、ほぼすべての子どもが就学し、なおかつ欠席せずに学校に通うようになった(6)。このように見ていくと、あの童謡が発表された頃というのは、日本の就学制度がもっとも安定的に作動していた時代だったと言える。

しかし、一九七〇年代後半になると、登校拒否、今でいう不登校の子どもが増え始めた。不登校の子どもはその後も増え続け、近年ではその増加傾向にさらに拍車がかかり、フリースクールに通ったりオンラインで教育を受けたりする子どもも増えている。就学制度はゆらぎを見せ始め、公教育のあり方が問われるようになってきている。

また、これと並行して家庭の状況にも大きな変動が見られた。高度経済成長期に雇用労働が一般的になり、夫が働き、妻が家を守るという専業主婦世帯が増加した（岩上 2011）。しかし、一九七〇年代後半になると女性の

就労が増え、一九九〇年代になると共働き世帯と専業主婦世帯の割合が拮抗するようになり、そして二〇〇〇年代を境に共働き世帯が急増した。「小一の壁」が問題化した背景には、こうした経過を経て生じた二〇〇〇年代以降の家庭の状況がある。

それ以外にもひとり親世帯や貧困世帯の増加など、家族の変化は多様に生じている。(7) さらに、近年では、発達障害や知的障害などの障害のある子どもが増加しているとも言われ、特別支援学校や小学校の特別支援学級に在籍する児童生徒が増えている。(8) このように通時的に見ると、就学制度がゆらぐとともに、家庭の状況ならびに子どもの状況も変化してきたことが分かる。現代日本において、個々の家庭が学校とどのような関係を築くのかは、多様化した個々の家庭の状況により異なるものと思われる。共働き世帯の増加により、「小一の壁」に注目が集まっているが、その陰には、個別の事情をかかえた家庭が固有の悩みや不安、心配を抱え、それぞれに学校との関係を結んでいることが予想される。

本書は、こうした状況を踏まえ、「小一の壁」の社会問題化を手がかりに、現代の日本に暮らす様々な家庭と学校の関係、ならびにそれらの家庭と国や社会との関係について考察する。

注

(1) ただし、アクセス可能な地方版のデータベースは東京地区だけだったため、検索できたのは地方版のうち東京都内の記事のみである。

(2) なお、「就学」をキーワードにして一九六〇年代の朝日新聞の記事を検索してみると、就学困難児童、不就学児、早生まれの子の就学、就学年齢の引き下げ、就学免除などの言葉が見られた。

(3) 株式会社小学館集英社プロダクション「〜『まなびwith』小学校入学に関する意識調査〜六割を超える保護者が小学校入学に不安」二〇二〇年一月三〇日。調査は二〇一九年一一月に翌年四月から小学校に入学する子どもを持つ全国の保護者二四六名を対象にインターネット上で実施された。https://prtimes.jp/main/html/rd/p/000000203.000002610.htm

（4） 読売新聞オンライン「「小一の壁」実態把握へ、こども家庭庁が初の全国調査…親のキャリア形成に影響」、二〇二四年九月八日、https://www.yomiuri.co.jp/national/20240907-OYT1T50197/

（5） 小学校等への入学を「就学」と呼称している用語の一つに「就学時健診」がある。これも、小学校等の義務教育段階の最初の段階の学校に子どもが入学し通い続けて学校教育を受けられることを目的に、法令上必要な健康診断として位置づけられている。

（6） 次章で述べるように、昭和に入るころには学校への入学は自明とされたが、在学状況は不安定であった。なお、そもそも戦後間もない時期までは、一定の基準を設けて長期欠席を把握することが無かった。

（7） 「二〇二三（令和四）年 国民生活基礎調査の概況」には、一九八六年から二〇二三年までの児童のいる世帯の経年変化が示されている。それによれば、この三六年間に児童のいる世帯の割合は、四六・二％から一八・三％に激減した。一方、児童のいる世帯に占める、ひとり親と未婚の子のみの世帯の割合は、四・二％から六・五％に増加した。また、相対的貧困の状態にある世帯に暮らす一八歳未満の子どもの割合は一九八五年は一〇・九％であったが、二〇一二年には一六・三％にまで上昇した。ただし、その後はやや低下している。

（8） 内閣府の『令和六年版障害者白書』によれば、一八歳未満の知的障害者は一九九五年から二〇一六年にかけて、八万六千人から二一万四千人へと二・五倍増加している。また、二〇二三年に文部科学省が実施した「通常の学級に在籍する特別な教育的支援を必要とする児童生徒に関する調査」によれば、「知的発達に遅れはないものの学習または行動面で著しい困難」を示し、注意欠陥多動性障害（ADHD）など発達障害の可能性があると推定された小中学生は八・八％で、前回調査（六・五％）より多かった（日本経済新聞二〇二二年一二月一三日）。特別支援学校や小学校の特別支援学級に在籍する児童生徒については、文部科学省「特別支援教育資料（令和四年度）」の「特別支援学校在学者数の推移」ならびに「特別支援学級数及び在籍児童生徒数の推移」を参照。

一章　就学の二つの意味と日本の就学制度

1.「就学」の二つの意味

就学をめぐる諸問題を検討するために、最初に就学の定義と日本の就学制度の特徴及びその成立経過を概観しておきたい。

就学の辞書的な意味は「学校に入って教育を受けること」（出典：デジタル大辞泉（小学館））であり、主に義務教育段階の学校への入学と在学を指すとされている。つまり、「就学」には、「学校に入ること＝入学」と「学校で教育を受けること＝在学」の二つの意味が含まれている。文脈によって就学は、入学と在学の両方、すなわち学校に入学して在学する全過程を指す場合もあるが、入学だけを指す場合もある。たとえば、就学援助や就学猶予という言葉に含まれる「就学」は、「入学して在学する」という意味である。これに対して、就学時健診や就学相談などにおける「就学」は、「学校への入学」を意味している。

本書で取り上げる「就学」は、主に「学校への入学」を指す。すでに述べたように、入学時に着目するのは、この時期に保護者はもっとも鮮明に、子どもが小学校に就学することが各家庭にどのような影響を及ぼすのか、その際にどのような負担や困難が生じるのかを実感するからである。なお、学校への入学といっても、ここで検討するのは、序章で指摘したように、義務教育の最初の段階にある小学校への入学[1]であり、その過程で保護者がどのような経験をしているのかを解き明かすことにある。

また、就労する保護者にとっての小学校入学の意味を考える上では、小学校への入学と学童保育への入所をセットで考えた方が良い。なお、学齢になった子どもの就学先には特別支援学校や義務教育学校もあるが、ここでは最も割合の高い小学校就学に主に焦点を当てる。

就学に「入学」と「在学」の二つの意味があることに留意すれば、就学をめぐる問題は広範囲に広がっていることが分かる。在学の側面に注目すれば、長期にわたり在学しない状態が続くこと、すなわち不就学や長期欠席・不登校の問題が浮かび上がる。一方で、入学の側面に注目すると、就学前教育との接続の問題や、入学したばかりの児童の学校不適応問題が指摘できる。

こうしたさまざまな問題は、これまで研究上は別々に取り上げられてきたが、就学という概念で括ってみると、それらはいずれも、学校とそこに通う子どもやその保護者との関係をめぐる問題であることが浮かび上がる。本書では、このような整理に基づいて、さまざまな就学問題の一つとして、入学時に保護者が抱える困難に焦点を当てる。

2. 日本における就学の制度的特徴

就学の制度がどのように規定されているのかは国によってさまざまである。日本では、学齢にあたる子どもを持つ保護者に対し、子どもを就学させることが義務として課されている。学齢とは満六歳に達した翌日以後の最初の学年の初めから満一五歳に達した日の属する学年の終わりまでを指す。保護者は自分の子が学齢に達すると、学校教育法第一条に挙げられている学校（一条校）の中の義務教育段階に当たる諸学校に通わせることが義務づけられている（就学義務）[2]。翌年の四月から子どもを就学させる保護者は、その前年の十一月末日までに子どもに就学時健診を受けさせたうえで、四月より小学校、義務教育学校、特別支援学校小学部のいずれかに就学させることが求められる。そして、その課程を修了した後は、それに続く中学校、中等教育学校前期課程、特別支援学校中学部までの学校に子どもを就学させる[3]。海外では就学義務の制度を敷いている国であっても、申請があれば家庭での教育（ホームスクーリング）を認めるところもあるが[4]、日本では学齢の子どもは所定の一条校に入学させることが保護者の義務として課されている。

なお、一条校のうち幼稚園は「就学前」とされており、幼稚園就園は就学とはみなされない。また、一条校以外にもインターナショナルスクールや外国人学校など、さまざまな「学校」と呼ばれる施設があるが、そうした施設に子どもを入学させても就学とはみなされない。

また、病気や障害により就学を一定期間猶予するという就学猶予の制度も設けられているが、これが適用されるケースはごく限られている。二〇二三年に「病弱・発育不完全」を理由に就学猶予の措置になった子どもは、二八名しかいなかった。ちなみに同年十一月のある新聞には、医療的ケア児を持つ保護者が就学を一年遅らせることを市の教育委員会に相談したが、「実年齢に応じた就学をしてほしい」と言われたという記事が掲載されている[5]。記事では最後に、障害児教育に詳しい大学教員のコメントとして、「発達に応じて入学を一年前後できるなど、柔軟に選べる仕組みがあってもいい」という意見を紹介し、就学制度の柔軟な運用を提案しているが、実情はそうなっていないのである。

さらに、各学校には学習指導要領により年間の授業週数と授業時数が決められ、タイトな時間管理が求められている。つまり、現在の日本において就学するということは、学校教育法第一条で定められた学校のうち、所定の学校種に入り、かなり厳格に定められた日程・時間の下で教育を受けることを指す。

なお、就学義務は日本国籍の保護者にのみ課されている。憲法第二六条第二項ならびに教育基本法第五条第一項において、国民はその保護する子どもに普通教育を受けさせる義務を負うことが規定されている。日本政府は、この条文に基づいて、日本の国籍を持つ保護者にのみ、教育の義務が課されているという立場をとっている。外国籍の子どもの就学は義務ではないとされているのである。ただし、文部科学省は、公立の義務教育諸学校へ就学を希望する場合には、国際人権規約等も踏まえ、日本人児童生徒と同様に無償で受入れるとも説明している(6)。

3. 一九一〇年代までの就学をめぐる国家と保護者の軋轢

序章でも指摘したように、現代日本における就学の意味を考える上で押さえておきたいのは、学校教育の制度化過程においては、長期にわたり、子どもの就学をめぐって家庭との間で様々な軋轢や問題が生じてきたことである。このことは、明治時代の学校制度の導入期から存在した。一八七二(明治五)年の学制発布により、明治政府は全国にあまねく学校を設置していくことを宣言したものの、就学率はなかなか上がらず、政府は保護者に子どもを就学させるように督促した。

学校と家庭の関係に関する歴史的研究は、両者の関係が時代により大きく変化してきたことを注視してきた。たとえば、土方(1994)は、国民(住民)にとって学校、教育がどのような意味をもったのかを視点において、教育史の時期区分を検討すべきだと指摘した。氏の問題意識は、同書の冒頭の以下の一節に端的に示されている。

学校には村の学齢児童がどのくらいの割合で就学していたのか、また就学、退学、卒業は実際にはどのような形態がとられていたのか、これら各時期に国民が学校に対してとった態度は、社会と学校がどのような歴史的段階にあるかを示している。国民の学校に対する態度は、国民がどのような生活をしているか、どのようなライフコースを生きていたかという、国民の置かれている歴史、社会状況と密接にかかわっている。これを学校の側からいえば、国民と学校のかかわり方は、学校がその時期実際に果たしていた社会的役割を端的に表現しているといいかえてよい。このように本研究では学校制度成立史の時期区分の軸として、国民の学校に対するかかわり方の変化を置く（土方 1994：6頁）。

ここに指摘されているように、国民（本書では国民でない人々を含めて保護者と呼ぶ）が学校に対してとった態度は、社会と学校がどのような歴史的段階にあるかを示している。その観点に立てば、本書は現代日本における保護者と学校のかかわりに焦点を当てることにより、今の社会と学校がどのような歴史的段階にあるかを検討するものだと言える。

就学に関する歴史研究によれば、すべての人々に就学が慣行として定着するまでには、一八七二年の学制の発布以降半世紀近くかかった。土方（1994）は、長野県において明治期に近隣部落が行政上一つの村に統合された際に、その行政村によって新設された小学校が村民に受け入れられないでいた時期が続いたこと、そして一八九〇年代の就学督励により、ようやく就学者が増加したことを報告している。ただし、一旦就学（入学）しても中途退学して就労していた子どもも多く、氏は、それは近代学校制度の「強制力」が脆弱であったからだと説明した。氏によれば、小学校の就学が国民のあらゆる層に定着するようになるのは一九三〇年代であり、そこに至るまでには、一九〇〇年小学校令改正による学齢簿、学籍簿の作成の法令による規定化、尋常小学校卒業後の進路の整備が進んで初等教育後の教育への進学要求が高まったことなどの経過をたどったことが説明されている。

また、三原（1988）は一八九〇年代の就学督励の強化においても、就学率は漸増に留まっており、そこには人々（三原は「民衆」と呼んだ）の抵抗が強かったことを指摘している。氏の調査によれば、多くの府県では学齢児童の就学は、就学義務が規定されていたにもかかわらず、もっぱら保護者からの就学の届け出の有無にかかっていた。保護者の中には、この手続きのわずらわしさを嫌って、それをそのままに放棄する習慣もあったという。このために市町村長は形式的な手続きを踏ませるだけで、就学猶予・免除を許可していた。なお、日清戦争後になると、就学猶予・免除に関する就学事務が整えられ就学督促が励行される市町村が徐々に増加した。だが、そうなると今度はそうした市町村に在住していて就学を望まない学齢児童の保護者は、就学督促が緩やかな他の市町村に寄留したり、子どもだけを寄留させることもあったと報告されている。

ただし、その一方で日清戦争を契機にして、従軍者と家族との間の手紙のやり取りが生じたり、戦況を伝えるために新聞を読もうとしたことなど、読み書きの重要性が認識されるようにもなった。さらに、従軍者が軍隊経験の中で学歴による序列の存在を知ったことなどにより、教育の必要性が認識されるようにもなったと三原は述べている。

もう一つの先行研究が柏木（2012）である。氏は、「人々が小学校への通学をどのように自らの生活習慣として受容したのか」、つまり学校に就学した後も通い続けるという慣習はどのようにしてできたのかという問題意識から、この過程を分析している。氏も一九〇〇年初頭までに就学率はほぼ一〇〇％近くに達したものの、人びとは小学校を必ずしも持続的に通うものとは受け止めずにおり、一九一〇年代末まで学校はいつでも欠席しうるものだったと指摘している。氏によれば、明治政府や地方学務担当者が、学校は〝通うもの〟だというイメージを作るべくさまざまな手段を講じたことで、義務として一定期間就学するという行為が人々の間に定着するようになったのであって、それは一九二〇年代以降であったと述べている。

以上の就学に関する歴史研究が我々に教えてくれるのは、明治初期に学校制度が敷かれて以来、学校と人々（保護者）の間には様々な軋轢が生じてきたことである。その背景には、しばしば指摘されるように人々の日々の生活において子どもの就労が求められていたこともある。また、近代的な制度が要求する手続きを嫌がる人々も多かった(7)。人々の間に子どもを毎日学校に通わせることが習慣化した背景には、学齢簿などの就学制度の整備が進んだこととともに、人々が教育を受けることの重要性を認識し始めたことがある。

戦前の就学に関する歴史研究は一九二〇年代、すなわち大正時代の末〜昭和時代の初期にかかる頃の就学慣行の定着までを射程として研究がなされてきた。そして、昭和に入り、一九三〇年代になると、新聞や雑誌に日本の就学率を誇示する記事があらわれるようになった。角（2014）によれば、一九三四年発行の東京日日新聞の『新興日本』という雑誌には、「世界に冠たり 児童の就学率」という見出しの記事が掲載されたという。

4．在学問題としての長期欠席・不登校問題

ただし、就学は昭和初期には自明とされるようになったとはいえ、一旦就学しても全員が卒業するとは限らなかった（加藤 2012）。先に説明した就学の二つの意味を明確に区別すれば、昭和に入るころには学校に就学（入学）することは自明とされたが、在学という意味での就学の状況は未だ不安定であった。もっともこの当時からその後も戦後間もない時期までは、一定の基準を設けて長期欠席を把握するという視点はまだ無かったため、在

学の状況が問題にされること自体がほとんどなかった。しかし、戦後の教育改革により教育の機会均等の理念が掲げられると、政府は入学したかどうかだけではなく、在学の状況にも注目するようになった。戦後に新制中学校が設置され、義務教育が九年間に延長されると、学校に入学したものの学校を休みがちであるという長期欠席の問題が方々で指摘されるようになり、新たな就学問題としてクローズアップされたのである。

たとえば、木村（2006）は、茨城県の漁村に置かれた磯浜中学校という新制中学校の事例を報告している。一九五〇年に同県の漁村では平均二割近くの中学生が学校に来ておらず、その比率は農村や市街地の学校よりもかなり高かった。このため、当時の教師にとっては、学校に来ないでいる生徒の就学督促が重要な職務であった。明治期に就学率が低かった時代に行われていた督促事業が再度ここでなされたのである。しかし、教師が子どもの就学を促しに家庭を訪ねても、「敬して遠ざけるものから追い返されるようなものまで様々であったが、いずれにしても容易に受け入れたわけではなかった。（一四頁）」という。漁村において、子どもの労働力は生計を立てる上では不可欠な存在であったのである。

また、一九四九年（昭和二四年）一〇月三〇日の朝日新聞にも「長期欠席が二倍に　都内の学童　大半は父の失業」という記事が掲載されている。三か月以上の長期欠席児童が大幅に増加しているが、その理由として家計の困難を挙げる者が多く、父親の失業、営業不振などから家計を助けるため働きに出ている者が相当数いること、また不良化して登校すると言って盛り場で遊んでいた者も多かったことが報じられている。このように戦後の新学制の施行後、就学問題は長期欠席問題という形で顕在化した。その中には戦後の不良化問題が指摘されることも多かったが、前記のように家庭と学校との葛藤が顕在化したケースも見られた。

長期欠席が社会問題化すると、文部省は一九五一年度から「公立小学校・中学校長期欠席児童生徒調査」（長期欠席調査）を開始し、学校教育を安定的に運営できるように、調査を通じて出席率の向上を促そうとした（小林 2015)。こうした施策などもあって一九五〇年代に長期欠席は急速に減少し、入学・在学の双方が達成される状況が訪れた(8)。こうして、一九六〇年代半ばから一九七〇年代半ばあたりまでの一〇年間、日本の教育史上、就学、すなわち義務教育段階の学校に入学して在学し無事修了するということが、もっとも完成に近い形で達成されたのであった。

ただし、一九七〇年代半ばになると再び長期欠席が増え始め、登校拒否・不登校の問題として社会問題化するようになった。そして、二〇〇〇年以降にはその割合が増え、二〇一〇年以降はさらに急増していった。こうして今日では、学校に登校することが以前ほどの強制力を持って求められなくなっており、子どもの就学が人々の意識の中でゆらぎを見せ始めている(9)。

5. 就学問題の再浮上

二〇一六年に教育機会確保法(義務教育の段階における普通教育に相当する教育の機会の確保等に関する法律)が成立すると、就学は制度面でも揺らぎを見せ始めた。

この法案の検討過程では、当初、不登校・長期欠席の子どものための学校外の学びの場を公式に認める構想も示されたが、現行の学校教育制度が根本的に変更されることには反対意見も多く、最終的には就学義務制度は維持された。しかし、成立した法律でも、不登校児童生徒には休養が必要であることや学校以外の場で行う多様な学びが重要であること、各生徒の状況に応じた学習活動を進めることが求められた(第一三条)。さらに、同法の趣旨を踏まえて二〇一九年一〇月に出された文科省の通知では、不登校児童生徒の一人一人の状況に応じて、多様な教育機会を確保することが求められるようになった。こうして学校はあくまで中心に据えられているものの、学校が正統な唯一の教育機関であるという認識は後退し、多様な教育機会の一つとみなされることとなったのである。

教育行政学の研究者である大桃・背戸（2020）は『日本型公教育の再検討――自由、保障、責任から考える』という編著において、長期欠席問題が就学問題を再浮上させたことを指摘した。同書の序章において、大桃（2020）は「不登校児童生徒数の増加と高水準での推移は、一条校での教育保障という日本型公教育の基本理念そのものの揺らぎを示すものであり、多様な場での学びの正当化の要請がなされている（六頁）。」と記した。さらに同書において宮口（2020）は就学義務を正面から取り上げ、「すべての子どもに教育が保障されるべきことを前提とするならば、学校以外での義務教育提供を原則的に認めない仕組みである就学義務制は、何らかの理由で通学できない子どもに教育をいかに保障すべきかという問いに答えることが原理的に要請されている（四〇頁）。」と指摘した。

このような状況の下で、「小一の壁」に社会的な関心が集まっている。小一の壁は就労する保護者の生活と就学する子どもの生活の時間がうまく調整できないことを問題としているが、それは実態として上記の問題が生じたということとともに、日本の学校教育の正統性がゆらいできたために、保護者が自分の子どもを学校に通わせることの困難や悩みを赤裸々に吐露するようになったこと、そして社会もそうした保護者のつぶやきに共感を持って耳を傾けるようになったことを示している。

先に指摘したように、土方（1994）によれば、歴史の「各時期に国民が学校に対してとった態度は、社会と学校がどのような歴史的段階にあるかを示している（六頁）」。そして、柏木（2012）は、「人々が小学校への通学をどのように自らの生活習慣として受容したのか」の過程を見ていった。これらと対比させて言えば、本書が問題とするのは、これまで学校に合わせようと努めてきた各世帯の保護者が、家庭の生活の実情に基づいて声を発し、それを社会も受け止めるようになった現代という時代が、どのような歴史的段階にあるのかを明らかにすることだと言える。

なお、保護者が発する声のうち、社会に受容されるようになったのは、共働き世帯の保護者の声である。それ以外の様々な状況に置かれた保護者の声は、なかなか表には現れてこない。以下ではこうした保護者の声にも留意して、検討を進めていきたい。

注

（1）義務教育学校、特別支援学校小学部に入学する児童もいるが、本書では小学校入学に着目する。

（2）一九四一年に公布された国民学校令以前には、学校以外の場で義務教育段階の教育を受けることも、例外的にではあれ認められていた。就学については戦時下体制の延長上に現行制度が敷かれている（下村 1998）

（3）二〇〇七年の学校教育法の改正により、それまでの養護学校、盲学校、聾学校は特別支援学校に一本化され、小学校、中学校の養護学級は特別支援学級に改組された。その当時と二〇二三年現在を比べると、少子化で児童生徒数全体は大幅に減少しているのにも関わらず、特別支援学校、特別支援学級の在籍者は共に増えている。とくに増えているのは特別支援学級の在籍者である。特別支援学校小学部・中学部の在籍者数は二〇〇七年から二〇二三年までの一五年間にそれぞれ一・四八倍、一・三一倍増えたのに対して、特別支援学級の増加率は、小学校で三・二〇倍、中学校で二・九二倍（二〇二三年度は義務教育学校の児童生徒数を含む）であった。特別支援学級に在籍する児童は、二〇二三年度は小学校で四・〇八%、中学校で三・一二%を占めている。特別支援学級全体の在籍者数の増加にあわせて、小学校一年生の在籍者数も増えている。

（4）たとえば、文部科学省「各国の義務教育制度の概要」を参照。https://www.mext.go.jp/b_menu/shingi/chukyo/chukyo0/toushin/05082301/018.htm

（5）中日新聞「「就学猶予」柔軟運用を　早産児の長女、入学遅らせたい」二〇二三年一一月六日　五時五分（一二月九日　一一時三五分更新）、https://www.chunichi.co.jp/article/577196（二〇二三年一〇月一八日閲覧）

（6）文部科学省「外国人の子等の就学に関する手続について」を参照。https://www.mext.go.jp/a_menu/shotou/shugaku/detail/1422256.htm

（7）ただし就学に対する人々の意識は、地域や階層などによりかなり異なっていたと考えられる。

（8）戦後は識字問題も不問に付されることとなり、一九六四年のユネスコによる識字調査に対して当時の文部省は「日本では、識字の問題は完全に解決ずみである――現状において、識字能力を高めるために特別な施策をとる必要はまったくない」と回答した（棚田 2011）。

（9）文部科学省は二〇一九年に不登校児童生徒への支援に関する通知を発出し、「学校に登校する」という結果のみを目標にするのではなく、児童生徒の社会的自立を目指す必要があると指摘した。

二章　就学に関する社会学的研究と本書のねらい

1．就学に関する社会学的研究

前章で見てきたように、就学をめぐる問題は、教育史研究の中心的なテーマとなってきた。しかし、筆者が専門とする教育社会学においては、小学校への就学はあまり注目されてこなかった。

日本の教育社会学は、学校の社会的機能のうち選抜機能の解明やそれに関連する学歴社会の実態や社会階層の再生産過程の究明に関心を寄せてきた。また、それらの問題にかかわりを持つという理由から、高校や大学への入学、それらの学校を卒業した後の進路や就職の問題にも強い関心を寄せてきた。これに対し、日本の小学校への就学では、ほとんどの子どもは、指定された学区の公立小学校に通い、学校内での処遇も能力や出身階層によ り差が設けられることがなく、選抜機能がほとんど作動しない。こうした理由から、小学校への就学にはあまり社会学的な関心が向けられてこなかった(1)。

就学に関する数少ない社会学的研究としては、北澤らによる学校的社会化の研究を挙げることができる（北澤

2011a、2011b、鶴田 2011、小野 2012 など)。彼らは学校の持つもう一つの社会的機能である社会化機能に関心を寄せてきた。北澤(2011a, 2011b)によれば、学校的社会化とは、小さき存在が〈児童になる〉過程、すなわち、学校空間のなかで身につけなければならない特殊なふるまいや態度を獲得して児童になる過程を指す。またこのテーマに関する初期の研究である清矢(1994)は、小学校で初めてテストを受ける際に、そのルールを子どもたちがどのように習得していくのかを分析している。さらに、岡本(2015)は、小学校一年生のひらがな学習において、一連の児童の行動に規則性が見られ、発表する児童の近くで一名の児童が待機し、交代するというパターンが観察されたことや、児童の話し方に教師の模倣が見られたことを指摘している。こうした学校的社会化の研究が問題にするのは、学校特有の暗黙の規範やルールを児童が理解するようになる上での教師と児童の相互作用である。しかし、そこで調査対象となる学級は、一定程度そうした規範やルールが安定的に作動している学級であり、今日増えている小学校低学年の不登校の存在などは、あまり視野に入れられていない。

また、近年、就学前からスタートする保護者の私立小学校受験や家庭学習、習い事などについて関心が高まっている。これは、就学段階においても学校を通じた選抜機能が顕在化し始めたことや、そのことを意識した一部の保護者が就学あるいは就学前の時期から子どもの教育に熱心に取り組むようになっていることを反映している。

望月(2011)は、現代日本の小学校受験、とくに私立小学校受験の実態を、受験に取り組む家庭に対する調査により明らかにした。氏は、教育選抜において、本人の能力や努力よりも親の富や願望の規定力が強まるというペアレントクラシーの観点から、首都圏や関西圏に住む高学歴・上層ホワイトカラー層が家庭の経済力を背景にして、私立小学校受験に積極的に参入している様相を浮かび上がらせた。また、小針(2009)は、一九二〇年代から一九五〇年代の東京にある私立小学校を対象に、保護者が子どもを私立小学校に入学することを希望した動機や理由と、学校が入学選抜を通じて都市新中間層の子どもを有利に処遇していた可能性を入学選抜考査の課題内容や評価方法から解き明かした。一方、伊佐（2019）は、就学前後の保護者の子育て戦略が子どもの学力をどのように支えているのかを分析した。同書では、総じてゆとりのある世帯を対象に行ったインタビュー調査に基づいて、そうした世帯の保護者が様々な資本（経済資本、文化資本、社会関係資本）を活用して子どもの学力を支えている様子を描いた。

以上の先行研究は、子どもの学力形成や個性の伸長、そしてそうした教育により、保護者が到達した社会階層を維持するための教育戦略として、特定の小学校への就学や学校内外の教育機会を活用する様子を明らかにしようとしてきた。

しかし、子どもの教育に向き合う保護者には、そうした関心だけがあるのではない。「小一の壁」の報道で浮かび上がったのは、自身の就労のために小学校や学童保育からの求めに困難を感じている保護者の姿である。また、家庭の状況がひっ迫していて子どものことにあまり労力も関心も割けない保護者もいることだろう。さらに、子どもが障害などを抱えていて、保護者の求めを学校に汲み取ってほしいと願う保護者もいる。これまでの研究は、学校や教育に対し、このような多様な構えを持つ保護者の存在を捉えてこなかった。

なお、子どもの就学の過程には、保育・幼児教育学（岩立 2012、芦田 2023 など）や小学校の低学年教育に関わる研究者も強い関心を示してきた。彼らは、就学時の子どもを支援するための保幼小連携の取り組み（秋田・第一日野グループ 2013 など）、や、小学校の生活科を中心に編成されるスタートカリキュラムに関して研究成果を発表している（松嵜 2018、木下 2019 など）。しかし、これらの研究は、幼稚園、保育園での保育や小学校での指導の改善に資するという実践的関心が強く、就学の過程を客観的に分析しようとする関心は低い。このほか、柳澤・福嶋（2019）は、就学時の各世帯の費用負担の問題を報告しているが、保護者がそのことをどう感じているかには焦点が当てられていない。

2. 現代日本における就学をめぐる軋轢の発生

このように見ていくと、就学をめぐる社会学的研究や関連領域の先行研究は、現代の保護者が学校に対してとる態度を分析し、そこから今の社会と学校がどのような歴史的段階にあるかを検討するという問題関心は、あまり持ち合わせていないように思われる。

しかし、子どもの就学に関する保護者の様々な困りごとや悩みが新聞やネットで告げられ、「小一の壁」と名付けられ、国もそれを喫緊の課題だとして早急な対応を求めているという事態は、これまで見られなかった今日的な事象である。

なお、「小一の壁」で問題になっているのは、保護者の就労と子どもの就学との間の軋轢である。家庭の生活と子どもを学校に通わせることの間に齟齬が生じ、その調整や対応を図ることが求められている。興味深いことに、このことを家庭と学校の間の就労と就学の軋轢だと捉え直せば、それは明治期の学校制度の制度化過程や、戦後直後の新制中学校での長期欠席問題の際に生じた問題と類似の構図が生じていると言える。すなわち、家庭の成員が就労することと、子どもの学校への就学の間で軋轢が改めて生じているのである。その点でみても、今日、新たな形で就学をめぐる問題が再浮上してきていると見ることができる。

こうした状況を踏まえれば、今日の保護者が子どもを学校に通わせることをめぐってどのような点で困難を感じているのか、社会や国は子どもの就学においてどこに課題があると見ているのかを究明することは、現代の人々や社会にとっての学校（学童も含めた、広い意味での「子どもに学校教育を受けさせること」）の意味を理解する上で格好の題材であることが分かる。

また、実践的な観点から見ても、多様な状況におかれたそれぞれの家庭が学校に対してどのような思いを抱いているのか、どのようなことに困難を抱えているのかを理解することは、家庭と学校との連携の推進にあたる教育関係者にとって、多くの示唆を提供してくれるに違いない。

3．本書のねらいと四つの問い

以上の問題関心に基づいて、本書は、「小一の壁」が社会問題化している現代の日本において、学校と家庭がどのような関係にあるのかを、子どもの就学に焦点を当てて解き明かす。また、「小一の壁」への対応を求める国と学校、保護者の三者の関係についても注視していく。

このため具体的には、以下の四つの問いを立てて検討を進める。

一つは、なぜいま「小一の壁」が問題として注目されているのかである。ここまで「小一の壁」は、保護者の悩みの声を表したものとして描いてきたが、先に述べたように、それは首相によって「喫緊の課題」というほどの政治課題として大きく取り上げられるようになっている。議論を始めるにあたり、最初に、なぜ、どのようにして、これほどまでに重要な課題として「小一の壁」がクローズアップされたのか、そしてその結果、どのような政策がすすめられたかを見ていく。

二つ目の問いは、「小一の壁」が問題になっている中で、働く保護者は、実際にはどのような困り感や悩みを抱いているのかである。「小一の壁」としてネットやテレビで報道されているのは、放課後の子どもの預け先がないことや、学童保育の閉室時間が早すぎて間に合わないことであり、それに対応するために学童保育の拡充や夜間の保育をしてくれる民間学童も増えてきた。しかし、小学校はこうした親の就労に対する対応策をあまり講じてこなかった。東京都三鷹市や大阪府豊中市などで、小学校の開門時刻を早めるなどの対応がなされるようになったものの、まだ一部の自治体にすぎない(2)。こうした状況下で、保護者は子どもの就学においてどのような困り感や悩みを抱いているのだろうか。

三つ目の問いは、「小一の壁」では、保護者の就労と子どもの就学の間の軋轢だけに関心が向けられていることへの批判に基づいている。子どもが就学する際の保護者の経験を左右しているのは、保護者の就労状況だけではない。世帯の家計の状況や、ひとり親か二人親かという世帯状況によっても、子どもの就学に係る経験の在り方は異なるものと予想される。また、子ども自身の発育の状態、たとえば、当該の子どもに障害があるかどうかということでも就学の在り方は異なり、そのことにより保護者が抱える悩みや困難が規定されている部分もあると思われる。

これらの点を明らかにするために、本書では、離婚などの理由により、ひとり親で子どもを育てている母親を対象とした調査と、子どもに障害があり小学校の特別支援学級に就学させた保護者の調査結果も報告する。ひとり親世帯の調査では、母子生活支援施設に入所している世帯からも話を伺っており、社会福祉施設が子どもの就学を迎えた各世帯に対し、どのような支援をしているのかについても併せて報告する。

四つ目の問いは、社会状況の異なる時期や学校制度が異なる社会では、就学をめぐる保護者の困難や悩みはどのような点にどのような形で生じるのかについてである。第一に取り上げるのは、新型コロナウイルス感染症の影響による二〇二〇年度の就学である。この年の三月初旬、文部科学省は全国の学校に臨時一斉休業を指示し、四月になると緊急事態宣言を発出した。このため、二〇二〇年度に入学した児童は五月末ないし六月まで自宅に留まることとなり、各家庭は就学時の過程でさまざまな混乱をきたした。この時に何が生じたのか、保護者はどのような思いで就学後の二、三か月を過ごしていたのか。

第二に取り上げるのは、学校制度の異なる国での初等学校への就学過程についてである。いずれの国にも就学の手続きは存在するが、制度や文化の異なる社会における就学の過程を見ることは、現代日本における就学過程の在り方を相対化する上で重要な手がかりを与えてくれる。本書ではその一つの事例として、初等教育への就学に学校選択制を広範囲に採用しているイギリスを取り上げる。

終章では、以上の分析から得られた知見について、就学制度のゆらぎ、家族状況の多様化、社会的制度的な文脈の規定力などを総合的に勘案して考察する。最後に、家庭と学校やその他の教育機関がどのように関係を再編成して子どもの教育に当たるべきかについて検討する。

4．教育臨床社会学の方法論

「小一の壁」の社会問題化とそれに対応する国の政策の展開、小学校や学童保育での対応とそれらに対する保護者の経験の関係を解き明かす上で参照するのは、筆者自身が提唱した教育臨床社会学の方法論である。酒井(2014)は、教育現場で生じている問題はマクロ、メゾ、ミクロの三つのレベルに層化していること、そして問題のレベルに応じてそれに適した方法論を選択する必要があることを指摘した（図2－1）。

この図に沿って、本書の課題を整理すると、「小一の壁」の社会問題化とそれに対する国の対応は、マクロレベルにおける教育言説の普及と行政における方針策定として捉えることができる。ある事象が社会問題化し、対応策が講じられていく一連の過程の分析では社会問題の構築主義の視点と方法が有効である（キツセ・スペクター、1990）。構築主義では、状況にクレイムをつける主体があり、その主体の利害や関心に基づいて、問題が構築されると考える。

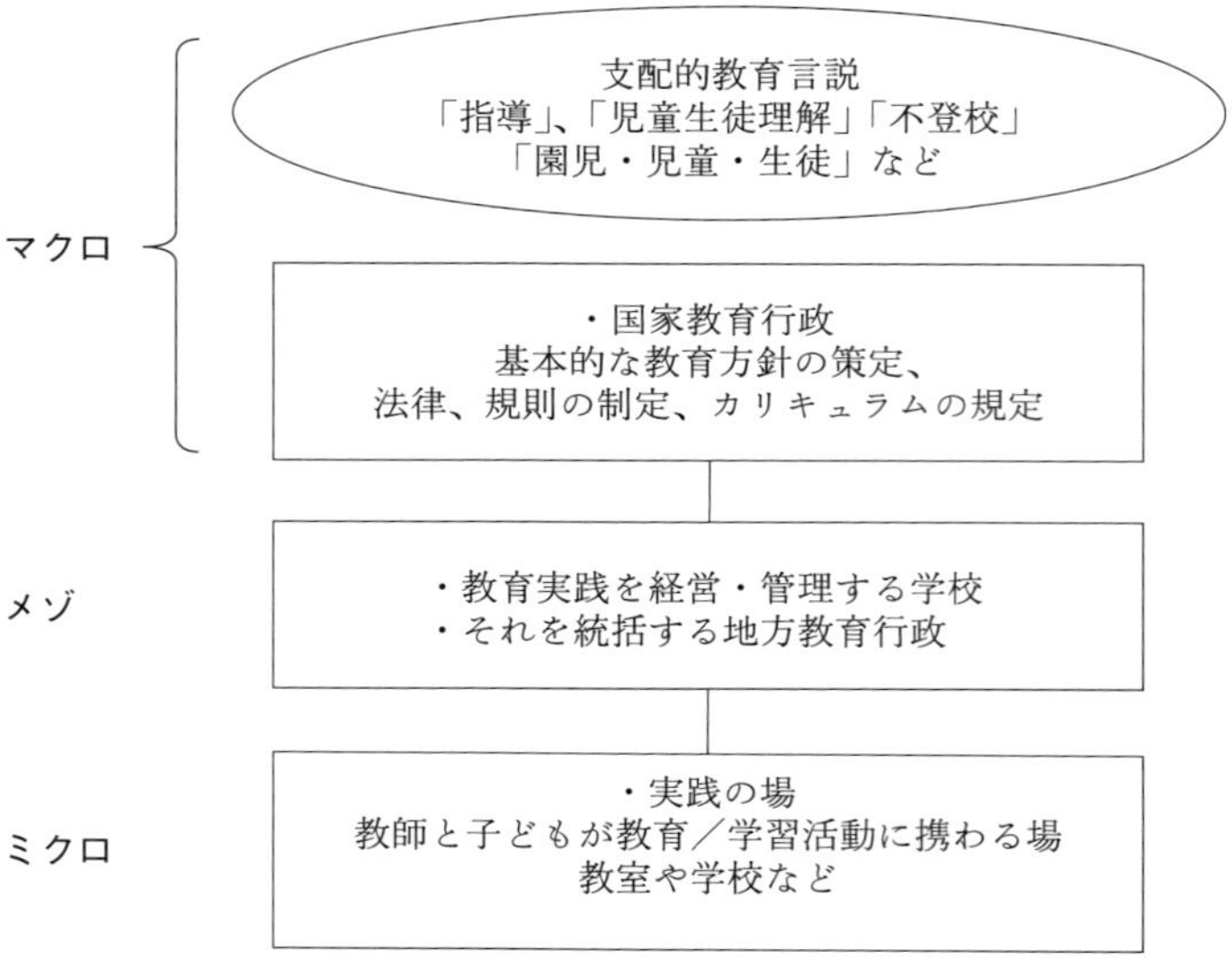

図 2-1　教育臨床社会学が対象とする現場（酒井 2014、209 頁）

「小一の壁」問題は、就労する母親の困りごとを問題視するものだが、議論の経過を見ていくと、子どもの母親に、親としての役割期待と女性の労働力としての役割期待という二つの期待が同時に課せられるようになってきたことに気づかされる。高度経済成長期に雇用労働が一般的になった当初は、父親が働き、母親の多くは専業主婦であった。このころの政府や社会の母親への期待は、子どもを養育する親としての役割に統合されていた。しかし、今日では、それとともに労働力としての役割期待が高まっており、その二重の期待の下で、「小一の壁」の社会問題化が生じている。そして、より多くの女性が働きやすいように、放課後対策を中心に就学後の子どもに対する支援策が進められている。マクロレベルでの言説の機能や国の関係省庁の動向の分析では、こうした点に焦点が当てられることとなる。

メゾレベルでは、学校や各自治体行政の実践の動きがある。コロナ禍での教育委員会や学校の対応に見られた様々な課題は、このメゾレベルでの問題が露呈した事例であると言える。

さらに、働く保護者が本当はどのような困り感や悩みを抱いているのかという第二の問いや、家庭や子どもの状況の違いによって、子どもの就学に係る保護者の経験の在り方はどのように異なるのかという第三の問いを明らかにするためには、ミクロレベルの現場に入っていかなければならない。そこで対象となるのは、個々の世帯の状況や学校や教師との関係である。酒井（2014）は、このようなミクロな現場の分析において有効な手法として、エスノグラフィーの方法論であるフィールドワークの有効性を指摘している。

同書において、著者は教育臨床社会学の方法論の筆頭にこの方法を挙げて、以下のように説明した。

（同書のここまでの章で指摘した）臨床の含意を踏まえれば、具体的な状況の観察により実状を把握しつつ、問題の意味を具体的な場に即して、その場の固有の意味世界の中で捉えることが要請される。社会学において、この要請を踏まえた適切な方法論としてまず考えられるのは、解釈的アプローチに基づいたエスノグラフィーの研究手法であり、それが依拠する相互作用論的な理論枠組みである。ただし、それが臨床的であろうとすれば、問題解決的な志向が強く要請され、実践者の視点を尊重し、彼らとの相互対話の中で、その場で当事者が抱える問題に対処するための新たな理解が育まれることが期待される（三八頁）。

ミクロレベルでの分析では、こうした視点に立って、それぞれの保護者自身に直接話を聞くことにより、子どもの就学において彼らがどのような経験をしたのかを解き明かしていく(3)。

なお、同書で指摘しているように、この点においても構築主義の考え方に沿って、ミクロな場面で人々が自明としている日常世界は言説により間主観的に構成されたものであること、そして、その下で人々は個々人のナラティブ（物語）を紡いでいるとの視点に立って分析する。間主観的な世界は一枚岩ではない。この点は、とくに障害のある子どもの保護者の語りを分析する際に注目していきたいポイントとなる。

また、前述の視点は、社会状況が異なる時期や学校制度が異なる社会での就学をめぐる保護者の困難や悩みを解き明かす第四の問いの分析においても用いられる。ただし、これらの分析においては、マクロな社会状況やマクローメゾレベルでの制度の在り方とミクロな保護者の抱える状況が相互に関連しあっていくため、様々な観点を含めた分析となる。

注

（1）たとえば、一九七〇年に刊行されたR・リストの研究では、日本の幼稚園に相当するアメリカのK（kindergarten）から小学校二年生までのクラスでの児童の学習集団編成に焦点を当てている（リスト（Rist, R.）、1970）。リストは、Kに入園した直後に教師が行った学習集団の編成が人種や服装などの外見によるステレオタイプ化された偏見に大きく影響されており、しかもこの当初の集団編成が、小学校二年生になってもほとんど変わらなかったことを報告している。また、同じころ、B・バーンスティンは、イギリスの幼児教育において新たに導入された指導法が子どもの自由を尊重し、暗示的に彼らの行動を統制しようとする「見えない教育方法」をとっていることは、新中産階級の教育要求に応じたものであり、労働者階級との教育格差を拡大するように機能していると指摘した（見えない教育方法）（バーンスティン（Bernstein, B.B.）、1975）。幼児教育から小学校に就学する時期に関するこれらのイギリスやアメリカの古典的な社会学的研究は、この時期の教育が既存の階層・階級構造の再生産に寄与するように機能していることを指摘した。興味深いのは、これらの研究が就学前から小学校の低学年の学習を連続的に捉えていた点である。これは、たとえばアメリカにおいて、Kは学校の中に敷設されていることが多く一体的に運営されていること、イギリスにおいても五―七歳の教育がひとまとまりの教育課程として捉えられていることによると思われる。

（2）朝日新聞の報道によれば、東京都三鷹市では、二〇二三年一一月から市立小学校で校庭開放の時間を午前七時半に早めた。また、大阪府豊中市は、二〇二四年四月から、市内全ての市立小学校で、午前七時に校門を開けて、登校時間まで児童を体育館などで見守る事業を始めた。（朝日新聞デジタル「小学校の校門、朝七時に開放へ　大阪・豊中市が「小一の壁」対策で」二〇二四年三月六日）。

（3）　保護者を対象とした調査においては、日本教育社会学会研究倫理宣言ならびに同学会倫理規程に基づき、実施した。インタビューの対象となった保護者には、研究目的、データの保存管理方法、匿名性の担保、研究成果の返却、協力辞退の自由等について十分に説明した上で、調査協力について承諾書に署名していただいた。また、WEBアンケートにおいても、研究目的、調査主体を明示し、回答結果はリサーチ会社の個人情報保護方針に基づき取り扱うことを伝えた。

三章　就学問題の社会的構築
——小一プロブレムと小一の壁

序章で述べたように、就労する保護者が子どもの就学時に経験する「小一の壁」は、首相が国会答弁で「喫緊の課題」だと指摘するほどの社会問題になっている。どういう経緯でこの問題が政策課題化したのだろうか。また、その結果どういう対応がなされたのだろうか。本章ではマクロレベルでの支配的な教育言説の構築過程として、「小一の壁」が注目されてきた経緯を明らかにする。

構築主義の考え方に基づけば、社会で問題だとされている事象は諸主体が言語を用いてそれを問題だと定義することではじめて成立する。キツセ＆スペクター（1990）は、社会問題とは「なんらかの想定された状態について苦情を述べ、クレイムを申し立てる個人やグループの活動（一一九頁）」だと指摘した。就学をめぐって生じた様々な「問題」は、それを問題だとしてクレイムを申し立てる個人や団体の活動によるものだと見なすことができる。「小一の壁」は誰からどのようなクレイムが申し立てられて、社会問題化したのだろうか。また、問題の構築過程において保護者はどのような役割を演じたのだろうか。

なお、この問題の構築のされ方の特徴をより深く理解する上で参考になるのが、一九九〇年代末に社会問題化した「小一プロブレム」である。「小一プロブレム」と「小一の壁」では、社会的な関心を集めるようになった時期は一〇年ほどの隔たりがあるが、いずれも子どもの小学校への就学時に生じる問題を扱っており、新聞やネットで取り上げられてきた。

それでは、これら二つの問題は、問題を指摘する主体と問題の構成のされ方はどのように異なっていたのか。また、その背景にはどのような状況の変化が生じたのだろうか。本章は、以上の問題関心に基づいて就学をめぐる二つの問題について検討する。

1.「小一プロブレム」の指摘

一九九〇年代末、「小一プロブレム」が社会問題として注目を集めるようになった。当初、この問題は、児童が授業中に立ち歩いたり、私語をしたりして教師の指示に従わずに授業が成り立たないという学級崩壊の問題の一種として問題化された。そのきっかけとなったのが一九九八年四月にNHKで放映された「クローズアップ現代：学級崩壊・小学校で授業ができない」というドキュメンタリー番組である。そこで紹介されたエピソードの一つとして、小学校一年生のクラスでの児童の姿が映し出された。

一方、大阪府教育委員会（1999）も、一九九九年二月に授業が成立しない学級に関する調査を実施し、大阪市を除く府内市町村の学校の七％でそうした問題が生じていると報告した。そして、この時、同府教育委員会も、「小学校における、いわゆる『学級崩壊』といわれる現象が、高学年ばかりでなく低学年にも広がりつつある。」と指摘した。

小一プロブレムという名づけについては、大阪府の公立中学校の教員であった新保（2001）が説明している。氏によれば、大阪府人権・同和教育研究協議会（大同教）で一九九八年に学級崩壊に関する研究が開始された。

そして、その中で高学年の学級崩壊とは実態の異なる小学校一年生の問題があるとして、これを小一プロブレムと名づけた。

新保は、二〇〇一年の本の中で、小一プロブレムとは「幼児期を引きずっている子どもたちが引き起こす問題」であり、「学級『崩壊』ではなく、集団を形づくれない学級『未形成』の状態（一四頁）」であると定義している。そして、その原因として、氏は、①子どもたちを取り巻く社会の変化、②親の子育ての変化と孤立化、③変わってきた就学前教育と変わらない学校教育の段差の拡大、④自己完結して連携のない就学前教育と学校教育、の四点を指摘した。大阪府教育委員会による前記の調査報告でも、低学年に広がりつつある学級崩壊の現象は、「子どもが幼児期に基本的なしつけや社会のルールを身につけることなく小学校に入学してくることがあげられている」と指摘した。

さらに、文部科学省の国立教育研究所内に組織された学級経営研究会も、二〇〇〇年に学級崩壊に関する調査報告書を刊行した（学級経営研究会 2000）。この報告書で一年生の学級崩壊が「就学前教育との連携・協力が不足している事例」として報告されている。なお、高田（2000）は、「『小一プロブレム』を乗り越える」という論稿において、同調査報告書のこの事例に触れ、それが小一プロブレムと呼ばれる現象であると説明した。

このように一九九八年から二〇〇〇年にかけて、教員団体や教育委員会、さらに文部科学省の研究機関が学級崩壊に関する調査を進める中で、低学年、とりわけ一年生に特徴的な問題が生じていることを発見し、それが小一プロブレムと名づけられた。そして、その背景として親の子育ての変化や孤立化といった家庭の問題や、就学前教育との連携不足があることが指摘された。

こうした問題の指摘を受けて文部科学省が対応策として提案したのが、幼児教育と小学校教育との接続や連携という施策である。二〇〇八年、中央教育審議会は次期学習指導要領に関する答申において、「小一プロブレムや学級崩壊などに見られるような自制心や規範意識の希薄化、生活習慣の確立が不十分であること」が問題であり、幼児教育と小学校教育の接続が求められると指摘した。その具体的な取り組みについて、同答申では次のように記されている。

幼児教育と小学校教育の接続については、幼児教育では、規範意識の確立などに向けた集団とのかかわりに関する内容や小学校低学年の各教科等の学習や生活の基盤となるような体験の充実が必要である。他方、小学校低学年では、幼児教育の成果を踏まえ、体験を重視しつつ、小学校生活への適応、基本的な生活習慣等の確立、教科等の学習への円滑な移行などが重要であり、いわゆる小一プロブレムが指摘される中、各教科等の内容や指導における配慮のみならず、生活面での指導や家庭との十分な連携・協力が必要である（中央教育審議会、2008: 48）。

幼児教育と小学校の低学年教育の双方で、規範意識の確立や学校での生活に適応できるような働きかけ、ならびに家庭との連携や協力が求められた。

2. 学校不適応問題としての「小一プロブレム」

小一プロブレムに関する報告や問題に対する対応の必要性の指摘、さらに中央教育審議会の答申の記載内容から分かるのは、「小一プロブレム」とは、子どもの指導に当たる教員や学校、教育委員会、文部科学省により、就学時の子どもの学校不適応問題として構築されたものだということである。そして、この問題の背景には、子ども自身の自制心や規範意識の希薄化、生活習慣の未確立があるという解釈が付された。

このような小一プロブレムの問題構築のされ方は、いじめや校内暴力など、一九七〇年代後半から社会問題化した、様々な教育問題の構築のされ方と同種のものである。すなわち、児童生徒を指導する立場にある教師—学校—教育委員会—文部科学省が、学校教育の機能不全の兆候として、これらの児童生徒の行動を問題と見なし(「問題行動」)、児童生徒指導の充実により、問題解決を図ろうと提案した。

なお、先に述べたように、就学には入学と在学の二つの意味がある。小一プロブレムは入学をめぐる問題であるが、在学に関する問題としては、一九七〇年代末ごろから登校拒否・不登校の問題が社会問題化していった。この問題も、当初は学校不適応問題として捉えられた。たとえば、不登校問題(当時は登校拒否問題と呼ばれた)に対応するために、一九八九年に当時の文部省が設置した会議体は、学校不適応対策調査研究協力者会議と名づけられた。そして、同会議体が一九九二年に出した報告書では、「あくまで児童生徒の学校への復帰を目指して支援策が講じられる必要がある」として、そのための児童生徒理解の充実が叫ばれた(学校不適応対策調査研究協力者会議 1992)。

一九九〇年代末に社会問題化した小一プロブレムは、これらのいじめ・校内暴力、不登校(登校拒否)問題に通じる問題意識で構築されたものであった。席を離れて立ち歩く、友だちにすぐに手が出てしまい喧嘩になるなどの様子が、小学校で求められる児童の姿にはそぐわないとして問題視され、親との連携や幼児教育との連携を強化することで解決しようと試みられた。

3. 「小一プロブレム」における保護者の位置づけ

小一プロブレムにおいて、保護者はその子育ての未熟さが小一プロブレムを生じさせている原因として、あるいは問題に対処するために学校が連携を求める対象として描かれてきた。先にも指摘した通り、新保（二〇〇一）は「親の子育ての変化と孤立化」に小一プロブレムが生じた理由の一端があると指摘している。氏によれば、地域の教育力が失われる中で、必要な子育ての知恵が継承されず、若い親の未熟さをサポートしてくれる支援がなくなっていることが問題の背景にあるという。なお、氏が問題にしているのは保護者自身というよりも、彼らを孤立化させた社会状況の変化であり、それゆえ氏は、保護者を責めて追い込むのではなく、彼らや地域との連携を深めていくことが必要であると述べている。

また、東京学芸大学「小一プロブレム」研究推進プロジェクト（2010）が、全国の市町村教育委員会に対して実施したアンケート調査でも、小一プロブレムの発生理由として最も指摘の多かった要因は「家庭におけるしつけが十分ではない」であり、回答総数一一五六のうち八六八自治体（七五・一％）が指摘した。さらに、二〇二三年からスタートした文部科学省施策の「架け橋プログラム」の説明においても、「孤立を深めつつも情報過多で不安を抱える保護者が増えていく」という指摘が見られ、「幼児教育施設が、幼児期にふさわしい生活やその子に応じた学びを子供とその保護者に提供することの重要性が高まっている。」と記されている（中央教育審議会初等中等教育分科会幼児教育と小学校教育の架け橋特別委員会 2023）。

以上の通り、一九九〇年代末に問題が構築された「小一プロブレム」は、教える側の学校や教師、あるいは文部科学省や教育委員会の側からの問題提起であった。序章で述べたように就学に関わる問題は明治期からしばしば注目されてきたが、明治時代や戦後の新制中学校設置時に政府が各自治体に就学督促を指示した時も、また一九七〇年代以降に登校拒否（不登校）問題への対応が求められた時も、小一プロブレムと同様に、子どもを教える教師や学校、教育行政から問題の指摘がなされた。そして、小一プロブレムでは、問題が生じた理由の一つとして、子どもを養育する保護者の孤立化や、しつけの不十分さが指摘され、文部科学省や地方教育行政は、そのことに対応するために、保護者への支援や保護者への情報提供の必要性を唱えてきた。

なお、小一プロブレムの対応策として提起された幼児教育と小学校教育の連携、いわゆる幼小連携は、その後徐々に幼児教育と小学校教育のカリキュラムをどのように体系化するかという、教育課程の編成の仕方に論点が移っていった。この点について福元(2014)は、二〇一〇年に文部科学省が、「幼児期の教育と小学校教育の円滑な接続の在り方について」の報告書を出した際も、小一プロブレムへの言及はあったものの、「報告の核心は、幼小の教育を連続性と一貫性で体系的に整理、説明するためのカリキュラムの理論化だった(二一頁)」と指摘している(1)。

これと同様に、二〇二三年からスタートした幼保小の架け橋プログラム事業も、「幼保小が協働し、共通の視点を持って教育課程や指導計画等を具体化できるよう、架け橋期のカリキュラムを作成することが重要である」と指摘されており、幼小連携の主眼は、就学時の児童の学校不適応への対応から、幼児教育と小学校教育をつなぐ教育課程を編成することへと移っていったことが分かる。

4. 就労問題としての「小一の壁」

それでは、「小一の壁」問題は、どのような形で構築され、その後どのような展開を遂げてきたのだろうか。

序章や一章で述べたように、「小一の壁」という問題は、共働きの家庭において、就学時に仕事をどうするか、放課後の子どもの面倒を誰がどうやって見るかなどで悩み、仕事を辞めることや勤務時間を変えることを余儀なくされるという問題として指摘された。「小一の壁」において「壁」とは、保護者から見た学校教育――学童保育も含める——の姿であり、就学時に保護者が壁に直面して悩む様子や、「壁」を乗り越えるための手立てを求める取り組みが報じられてきた。

小一プロブレムにおいては、文部科学省や教育委員会が、子どもの生活態度や保護者のしつけの問題を指摘したのに対し、「小一の壁」では、子どもの学校への就学に際し、さまざまな困難が生じていることを保護者が告発し、改善策を要望するという構図になっている。

「小一の壁」というフレーズが新聞等に登場するようになったのは、二〇〇八年あたりからである。ただし、それ以前にもこの言葉は一定程度浸透しており、二〇〇五年の雑誌ＡＥＲＡに「仕事と子育て　働く母を阻む『小一の壁』——保育園も時短勤務もなくなり」という記事が掲載されている。この中で、三〇代の母親が長女の小学校入学を機に、一三年間一般職として勤め続けた会社を辞めたことが取り上げられており、それは会社の育児短時間勤務制度が小学校入学前までだったからだったと指摘されている。仕事と育児の両立を阻むものとして子どもの小学校就学が描かれている。

この後、二〇〇七、二〇〇八年から、新聞各紙で「小一の壁」が取り上げられるようになった[2]。朝日新聞では、二〇〇七年三月八日夕刊のコラムに掲載された「学童保育、誘致に熱　出店依頼、メール四〇〇件」という記事の中で「小一の壁」が初めて登場した。この記事は、二〇〇六年四月から東京都と川崎市の計五か所に新設される民間の学童保育施設が夜遅くまで利用できることから、働く親たちからの誘致の要望が殺到していることを報じたものである。この中で、「働く親にとって、子どもの小学校入学が一番大変で、『小一の壁』とも言われる。仕事を辞めてしまう母親もいる」と記されている。

二〇〇八年三月五日に掲載された「放課後の場、なお不足　学童保育・子ども教室、「一体化」にも質低下の声」という記事でも、「小一の壁」が取り上げられている。この記事が出る一年前までは、放課後の居場所づくりには厚生労働省の「放課後児童クラブ（学童保育）」と全児童を対象にした文部科学省の「放課後子ども教室」があったが、二〇〇七年度からこの二つを一体化あるいは連携させた「放課後子どもプラン」が始まった。記事は最初に「小一の壁」についての説明と同プランの実施の経過に触れた上で、一年経った年度末になっても現場ではまだ試行錯誤が続いていることが報じられている。

読売新聞では、二〇〇八年の一〇月三〇日に「労働組合、女性の出番　子育て体験訴え『成果』　新たなやりがいに」の記事に「小一の壁」が登場している。ここでは、労働組合の執行委員を務めた女性社員が、子どもの小学校就学後は短時間勤務ができず仕事を続けるのが難しかったことを問題と捉え、そのことを会社に訴えて小学校三年生までの短時間勤務を認める回答を引き出したことが報じられている。記事では、「周りにも同じように『小一の壁』に悩む人が多かった。経験を積んだ人材が辞めざるを得ないのは、会社にとっても損失だと思う」とのこの女性社員の発言が掲載されている。

日本経済新聞では、二〇〇九年五月五日に掲載された「チェンジ少子化――規制緩和で多様な保育サービス充実を」という社説の中で、「働く親から『小一の壁』と言われるほど要望の強い学童保育をどう充実するか、省庁の壁を越え迅速に対応すべきだ」との提言がなされている。

こうした記事からうかがえるように、「小一の壁」問題は、子どもの就学により、母親の就業継続が難しくなっている状況をなんとかしてほしいという訴えとして提起された。厚生労働省も、このような社会の動向を受けて、二〇〇七年九月に「今後の仕事と家庭の両立支援に関する研究会（座長：佐藤博樹東京大学社会科学研究所教授）」を立ち上げた。二〇〇八年七月に出された報告書では、小学校への就学時に子どもの預け先がないことなど、仕事と子育ての両立が困難になっていることが「小一の壁」と言われていると指摘し、改善策として以下のように提言している。

近年、小学校に入学した途端に放課後の預け先がなくなるなど、仕事と子育ての両立が困難になる「小一の壁」と言われる小学校低学年時の両立支援が課題となっていることから、継続就業しながら子育ての時間確保ができる措置については、小学校三年生終了時まで延長すべきものと考える。（今後の仕事と家庭の両立支援に関する研究会 2008：一〇頁）

このように「小一の壁」とは、共働き世帯における子育てと仕事の両立を阻むものとして命名された問題である。そして、その解決策として、放課後の預け先としての学童保育の拡充が叫ばれた。

5．共働き家庭の増加

就学する子どもを持つ共働き家庭からの悩みとして、「小一の壁」が二〇〇七、八年ごろから世間の注目を集め始めるようになった背景には、共働き家庭の増加があったと考えられる。ちょうど二〇〇〇年を超えるあたりで専業主婦世帯と共働き世帯の数が逆転し、二〇〇五年辺りからその数が増えている（図3‐1）。「小一の壁」問題の報道は、共働き家庭の増加に伴いこの問題の発生が増えたことと、この問題に関する報道に共感する保護者が増えたということがあったと考えられる。

さらに、「保育園を考える親の会」が二〇一五年に『「小一のカベ」に勝つ』という書籍を刊行した。「保育園を考える親の会」は一九八三年に創設された団体で、同書のあとがきには、「働く親の仕事と子育ての両立を支え合う活動をしてきました」と書かれている。同書によれば、「小一のカベ」とは、「なんでもお任せできた保育

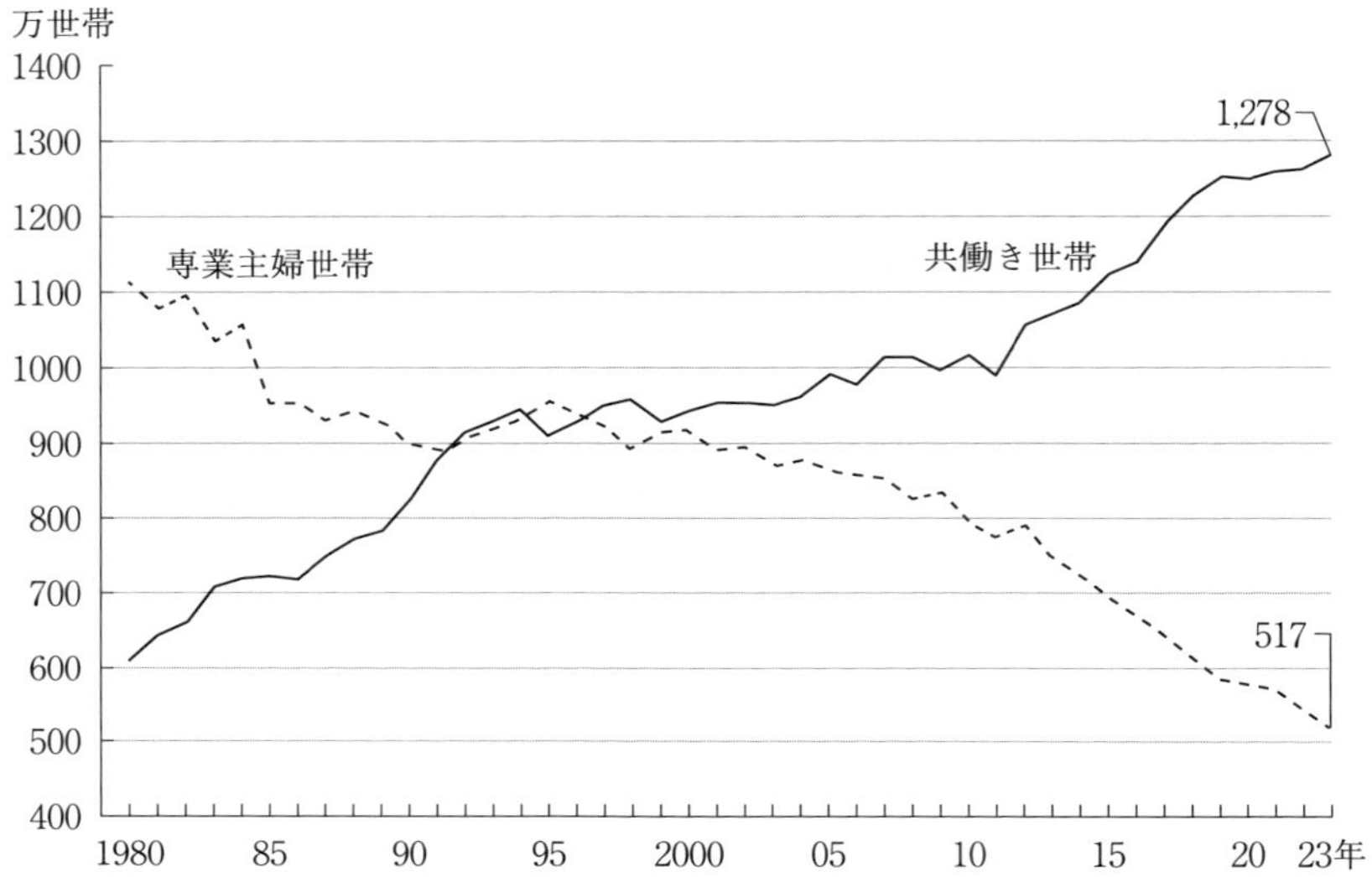

図 3-1　専業主婦世帯と共働き世帯の推移（1980 年～2023 年）

出典　日本労働政策研究・研修機構「早わかり　グラフでみる長期労働統計」のサイトより
資料出所　総務省統計局「労働力調査特別調査」、総務省統計局「労働力調査（詳細集計）」
（https://www.jil.go.jp/kokunai/statistics/timeseries/html/g0212.html）

園時代とはいろいろと勝手の違う、小学校入学に待っているハードルたち」と説明され、学童保育の問題以外にも、小学校入学に直面する様々な障害を「小一のカベ」としている。

同書は、子どもの預かり先がないということだけではなく、共働き家庭の保護者が子どもの就学時に抱える様々な問題を指摘している。その一つは、小学生になると、家庭で子ども自身が「明日の準備」をしたり宿題をしなければならないことである。もう一つは、小学校は勉強する場であって、保育園とは子どもへの目の届き具合や家庭に求めるものが違っていることである。同書では、こうしたさまざまな保育園と小学校の違いが保護者を不安にし、カベになると指摘されている。それゆえ、同書は小学校での生活や放課後の生活について詳しく解説した上で、保護者が就学においてつまずくポイントとその対策を記している。

6．経済成長戦略としての「小一の壁」の打破

このように「小一の壁」は、当初は共働き世帯の就労と子どもの就学をめぐる問題として、子どもを持つ保護者からの要望・告発という形をとって登場した。そして、そうした声を受けて、学童保育に入れないことや時間が短いことなどだけではなく、就学時に共働き世帯の保護者が直面する様々な問題についても言及される動きも見られた。

しかし、そうした動きの一方で、二〇一四年以降は「小一の壁」への対応は、日本経済の再興という国家目標につなげられて語られるようになっていく。このことは、前年の二〇一三年六月に第二次安倍内閣がアベノミクスと呼ばれた経済成長戦略として、「日本再興戦略」を閣議決定したことに由来する。当時はバブル崩壊後の停滞する日本経済を再興するために、いかに産業競争力を強化するかが喫緊の課題となっていた。そして、その手立ての一つとして期待されたのが女性の労働力の活用であった。

二〇一三年に最初に示された日本再興戦略では、女性の社会進出の障害として保育所不足などの待機児童問題が取り上げられ、その解決が提唱された。そして、翌二〇一四年になると、「小一の壁」の解消が女性の就業継続に非常に重要であることが指摘され、これについて厚生労働省、文部科学省が連携して取り組むように指示が出された。これを受けて、同年六月に出された『『日本再興戦略』改訂二〇一四」において、『小一の壁』の問題に解決策を示す」ことが謳われた(3)。

ここで重要なことは、前記の国家戦略プランでは、「女性の更なる活躍推進」の手立てとして「小一の壁」の打破が謳われたことである。そして、その対応策として、二〇〇七年の「放課後子どもプラン」に代わって、

「放課後子ども総合プラン」が策定された。「『日本再興戦略』改訂二〇一四」では、「放課後子ども総合プラン」について、次のように説明されている。

> 「放課後子ども総合プラン」
> 小学校入学後に女性が仕事を辞めざるを得ない状況となるいわゆる「小一の壁」を打破し、次代を担う人材を育成するため、厚生労働省と文部科学省が共同して「放課後子ども総合プラン」を年央に策定し、一体型を中心とした放課後児童クラブ・放課後子供教室の計画的な整備を進める。

同プランでは、このねらいを達成するために、学校内の空き教室の活用、放課後児童クラブの開所時間の延長、放課後児童クラブと放課後子供教室の一体的な又は連携した運用等を着実に実行し、二〇一九年度末までに放課後児童クラブに約三〇万人分の受け皿の拡大を図ること、約一万か所以上を一体型の放課後児童クラブ・放課後子供教室とすることが目指された。

放課後対策がスタートしたのは、二〇〇七年の「放課後子どもプラン」からである。ただし、この時の同プランの目的として強調されたのは「地域社会の中で、放課後等に子どもたちの安全で健やかな居場所づくりを推進するため」であった。(4) 二〇〇七年五月に同プランの解説記事を書いた第一生命経済研究所の的場康子も、その背景について以下のように記している。

> 〈地域の安全に対する不安〉
> 近年、子どもが巻き込まれる悲しい事件が相次ぎ、子どもの安全をいかに守るかが大きな課題となっている。

（中略）おそらく、「子ども同士で自由にのびのびと遊ばせたいが、安全を考えると、子どもの行動を制約せざるを得ない」と感じている親も少なくないと思われる。このように、子どもの安全を求める親のニーズに応え、安心して遊べる「居場所」を確保し、のびのびと過ごすことが出来るよう「子どもの放課後対策」に、いよいよ国が力を入れて取り組むこととなった。それが、二〇〇七年度から厚生労働省と文部科学省の連携により実施される「放課後子どもプラン」である。(5)

池本（2009）によれば、こうしたねらいに女性の就労の増加に対応した学童保育の待機児童解消を「小一の壁」の打破として組み合わせるかたちで、同プランが打ち出された。なお、これに対して下浦（2007）は、同プラン策定と同じ年に、放課後児童クラブ（学童保育）と放課後子供教室が一体化されることで、放課後児童クラブの質が低下することを憂慮するブックレットを刊行した。

これに対し、二〇一四年に出された「放課後子ども総合プラン」では、むしろ女性である母親の就労支援の方が強調された。そして、その手立てとして、放課後児童クラブについては二〇一九年度末までに約三〇万人分を新たに整備すること、全ての小学校区で放課後児童クラブ及び放課後子供教室を一体的に又は連携して実施することが提案された。さらに二〇一八年に策定された「新・放課後子ども総合プラン」にも、この方針が引き継がれた。

なお、「放課後子ども総合プラン」や「新・放課後子ども総合プラン」にも、趣旨・目的には「小一の壁」の打破とともに、「全ての児童が放課後等を安全・安心に過ごし、多様な体験・活動を行うことができる」ことが盛り込まれている。しかし、二〇〇〇年代に入って以降、学童保育の登録児童数は急増し、一部の放課後児童クラブではすし詰め状態となっている。また、人手不足のために、いったん厳格化された職員配置基準が再び緩和された。このような状況を踏まえると、放課後子どもプランの策定時から問題になってきた学童保育の質という議論は、むしろその後の新たなプランの策定においては後景に退いていったものと捉えることができる。(6)

7. 就学をめぐる問題の構図の変化

以上、ここまで、就学に関して社会問題化した二つの問題が誰によってどのような経緯で問題化してきたのかを明らかにしてきた。一九九〇年代末に社会問題化した「小一プロブレム」と、二〇〇七、八年ごろからマスコミに登場し、二〇一四年に国家戦略として対応が求められるようになった「小一の壁」という二つの問題を対比させてみると、両者は問題の構図がきわめて対照的なことが分かる。

「小一プロブレム」は、児童を指導する教師—学校、そしてそれを管轄する文部科学省が学校不適応問題として問題化し、その要因として、幼児教育と小学校教育の不接合とともに家庭のしつけの問題が挙げられた。それゆえ、学校側が児童の指導を進めるために、家庭との連携を図ることが期待された。これに対し、「小一の壁」は、最初は就労する保護者——もっぱらそれは母親である——の側からのクレイム申し立てとしてスタートし、その申し立て活動に経済再生のための女性労働力活用を図ろうとする首相サイドの意向が加わり、これが政策課題化した。

「小一プロブレム」は児童生徒の指導上の問題として捉えられ、それを統括する文部科学省が対応策を講じたのに対し、「小一の壁」は、就労する保護者と、彼らを労働力として活用しようとする首相サイドからのクレイムとして展開したのである。

一九七〇年代半ば以降、様々な教育問題が注目され、その対応は文部科学省が講じてきた。しかし、「小一の壁」という問題は、それとは性質の全く異なる問題であることが分かる。もちろん、後者は学童保育の問題が中心であり、両者を比べることはできないという意見もあるかもしれない。しかし、学校の開始時刻の問題も含まれていることからも、「小一の壁」は学校問題でもある。また先に述べたように、学童と学校を就学施策として一体的に捉えるのであれば、これは新たな就学問題として捉えることができる。

一章において、就学をめぐり学校と家庭との間には、過去にもたびたび軋轢が生じてきたことを指摘した。このことを踏まえると、「小一の壁」とは、学校と家庭の間の軋轢が再び社会問題化してきたことの表れと見ることができる。もっとも、明治期や戦後直後の中心課題は、子どもの就労と就学をめぐる軋轢であった。これに対して現在生じているのは、母親の就労と子どもの就学の間の軋轢である。しかし、いずれも家庭と学校の間での、就労と就学の間の軋轢なのである。

他方で、過去の就学問題と現在の「小一の壁」が異なるのは、就学政策を進めていた明治期や戦後期は、国家戦略として学校教育の整備があり、それと子どもを就労させようとする家庭との間で軋轢が生じた。これに対し、現在の学校と家庭との軋轢の背後に見えてくるのは、文部科学省と首相サイドで、子どもの母親に対する役割期待の摩擦が生じていることである。すなわち、文部科学省は保護者としての役割を母親に期待し、首相サイドは、労働力として彼女たちに期待をかけており、この二つの役割期待のはざまに母親が立たされている。

8．「小一の壁」の社会的構築と見過ごされた問題

このように見てくると、本書の序章で紹介した、二〇二三年三月一三日参院予算委員会での岸田文雄首相（当時）の「小一の壁を打破することは喫緊の課題だ」という発言は、アベノミクスの経済成長戦略の流れを踏まえ

たものだったことが、明確に理解されるようになる。「小一の壁」という問題は、女性の社会進出を阻み、経済成長の足を引っ張る要因としてみなされたがゆえに、政府にとっての「喫緊の課題」だとされたのであった。

「小一の壁」という問題の構築のされ方は、子どもの就学にあたって本当のところは保護者にとって何が「壁」として感じられているのかを明確に浮かび上がらせるものではない。保護者が就学の過程をどのように経験しているのか、そこでどのような困難や悩みを抱えているのかを理解しようとする視点は見られないのである。

労働力としての女性活用という点から言えば、子どもの預け先が確保できればそれで良いということになるかもしれない。しかし、共働きの保護者としては、困っているのは学童保育に入れるかどうか、お迎えの時間に着けるかどうかということだけではない。子どもが元気に通ってくれるか、家で十分に子どものケアができるか、子どもの学習を十分に支えられるかなど、様々なことが頭をよぎることと思われる。また、放課後の学童保育についても、単に子どもを預かってくれればいいわけではなく、そこで子どもが安心して楽しく過ごせているかどうかに強い関心を持っている。

経済が停滞し、賃金が据え置かれる中では、多くの家庭が共働きしなければ生活が維持できなくなっていること、さらに女性自身の就業意識も高まっていることなどから、家族のあり方は大きく変化した。ただし、他方で教育に対して強い関心を持つ保護者、子どもの教育に熱心な家庭は多い。また、保護者は家庭人として、生活全体のウエルビーイング、すなわち「よく在る」「よく居る」状態を求める声も強まっている。

このように見てくると、保護者にとって、子どもの小学校への就学というのは、単に子どもの放課後の預け先の確保だけが関心事ではないことが十分に予想される。共働きの家庭においても、より安心して、幸せで満たされた心持ちで保護者が子どもの就学を喜ぶことができるかどうかが求められているのであり、それが難しいことから、学校教育に対する保護者の不平や不満の声が発せられていると考えられる。

しかし、先述の通り、現行政府の「小一の壁」に対する施策は、もっぱら放課後の居場所の増設に向けられており、保護者が子どもの就学をめぐって経験している様々な困難や悩みに対応するものとはなっていない。

9. 保護者を中心に据えたアプローチ

ここまでの検討から分かるのは、現代日本においては、保護者や子どもの権利や主張を尊重すべきだという考え方は、一定程度支持されているものの、それが強い力で社会に発信され、人々に広範囲に支持されるという状況には到達していないのだと思われることである。保護者と子どもが就学においてどのようなことに困っているのか、悩んでいるのかを深く理解しようとする視点が希薄なまま、「小一の壁」対策と称して施策が進められている。

以下の章では、こうした反省に基づいて、現代日本社会で暮らす保護者を中心に据えて、就学を迎えた子どものいる家庭の生活の実態や、そこで暮らす保護者の生活意識や教育への関心を明らかにし、家庭と学校教育とがどのような関係を築いていけばいいのかを検討する。

なお、保護者を中心に据えた分析については、子どもの貧困問題の究明において、子ども中心のアプローチを提唱したリッジ（2010）に示唆を得ている。リッジは、子どもを扱った先行研究は、子どもに関して行われた研究であり、子どもとともに行われた研究でもなければ、子どもたちのために行われた研究でもないと批判した。その上で氏は子どもの貧困研究において、子ども自身も独自の権利を持つアクターであるという認識をもつことの必要性を唱えた。彼女によれば、その意味するところは、「『対象』から『主体』へという視座の転換であり、その生活についても、そこでの問題の重要性についても、それを一番よく知るのは子どもたち自身であるという認識（二五頁）」を持つことが必要だということである。

本書は、このリッジの指摘を参考にして、就学において、子どもと並んでもう一つの主体である保護者に注目し、保護者を中心に据えて、彼らが自分の子どもが就学することをめぐってどのような経験をしているのか、そこでどのような困難に遭っているのかを描く。(7) リッジの主張を参考にして、保護者も子どもの教育に対し、独自の権利を持つアクターである点を重視している。

なお、保護者が教育の権利主体であることをここで強調しているのは、日本の法律では、この点が曖昧だということへの批判も含んでいる。日本国憲法にも教育基本法にも、保護者は子どもに教育を受けさせる義務を負うことは書かれているが、彼らが教育において権利を持つことは触れていない。かつて今橋（1983）が指摘したように、「学校教育とのかかわりにおける『親の教育権』の法規範性、具体的権利が明確ではなく、法理論上、国または教師・学校の教育内容決定権を導き出す擬制的・便宜的概念としての意味しかもってこなかった」。それから四〇年が経つが、現状においても日本では親の義務は記載されているが、教育をめぐる親の権利についての記載はない。こうして法的にも保護者の権利が軽視され、彼らがおかれている社会的境遇に十分な考慮がないままに教育の施策が進んでいるのである。

しかし、今橋が言うように、「子どもの学習権・一般人権に抵触し、侵害する学校・教師の決定・活動に対して不同意・拒否権、不参加権を行使したり、子どもの学習権・一般人権を保証するために是正要求権・請求権を行使」することは可能という主張も成り立ちうる。また、結城（1994）が指摘したように、保護者の自律的な教育権を認める動きもある。さらに西原（2013）も教育基本法一〇条について、以下の通り述べている。

その一〇条の条文において親に「子の教育についての第一義的責任」を認めたことは、育成すべき自立心とは何か、心身の調和がとれた状態はどのようなものかに関する、親の解釈権限の優先を現行法秩序の中に組み込む役割を果たすことになった。包括的な親の教育権の実定法的な承認であると捉えることができる（七四頁）。

親にも教育権があることを前提として考えると、彼らの主張や要望に耳をかたむけることは、学校と家庭の連携ということを超えて必要となってくる。保護者の生活や意識と学校――ここでは学童保育を含めた就学施策全体を指す――の在り方との齟齬を、保護者の側からの主張を受け止めて対応していくことが求められるのである。なお、保護者の視点に立つのであれば、保護者が置かれている状況はそれぞれ異なっていることに留意しなければならない。「小一の壁」で注目を集めているのは、保護者の就労継続と子どもの就学との軋轢である。しかし、就労している保護者が経験している困難は「小一の壁」で指摘されている問題だけではない。また、それ以外にも、様々な困難な状況に置かれた保護者がおり、彼らが子どもの就学時にどのようなことに悩みや不安を抱えているのかも明らかにする必要もある。

以下ではこうした問題意識に基づいて、最初に「小一の壁」として注目されている就労する保護者を取り上げ、そのあと、それ以外の多様な状況に置かれた保護者を取り上げる。

注

（1）幼児期の教育と小学校教育の円滑な接続の在り方に関する調査研究協力者会議、二〇一〇、『幼児期の教育と小学校教育の円滑な接続の在り方について（報告）』

（2）各紙の記事データベース（朝日新聞クロスサーチ、ヨミダス、日経テレコン21）を用いて、タイトルに「小一の壁」が含まれている記事を検索した。

（3） 文部科学省生涯学習政策局が作成した「女性の活躍促進や特別なニーズのある子供たちの支援の充実に向けた資料」二〇一四年四月二五日に、以下の記載が見られる。

「放課後子どもプランに関する総理からの指示（平成二六年三月一九日 経済財政諮問会議・産業競争力会議合同会議）『次はいわゆる『小一の壁』を乗り越えなくてはならない。下村大臣、田村大臣が協力して、両省の関連施策の一体運用、学校の校舎の徹底活用などを検討し、学童保育等を拡大するためのプランを策定していただきたい。』」

この記載によれば、当時の安倍晋三首相からの指示として「小一の壁」の打破が指示されたことが分かる。なお、三月十九日の会議の議事録によれば、森まさこ女性活力・子育て支援担当大臣兼内閣府特命担当大臣（少子化対策）からの発言として以下の記録が残っている。

「資料5の一ページのとおり、先月、安倍総理からの御指示を受け、各省横串のチームを立ち上げた。具体的には、二ページの項目を各省庁で検討している。（中略）3の女性の活躍を支える社会基盤整備については、『小一の壁』の解消は女性の就業継続に非常に重要である。厚生労働省、文部科学省が連携し、具体的に取り組むようお願いしている。」

（4） 「放課後子どもプラン」の推進について（二〇〇七年三月一四日、文部科学省生涯学習政策局長・厚生労働省雇用均等・児童家庭局長連名通知）に、別紙として添付された「「放課後子どもプラン」の基本的な考え方」を参照のこと。

（5） 的場康子「動き出した放課後子どもプラン」第一生命経済研究所、二〇〇七年五月一日、https://www.dlri.co.jp/report/ld/01-14/wt0705b.html

（6） 朝日新聞では二〇二四年四月に「学童保育はいま」という特集記事を三回にわたって連載した。それらの記事では、共働き家庭の増加で学童保育の希望者が増加していること、狭い空間に多くの子どもが詰め込まれ、質の低下が大きな課題となっていること、自治体はスペース探しや職員の確保に苦慮していることなどが報じられた。この連載には反響が大きく、同年八月には二回にわたり、「反響編」と題した記事を掲載し、保育の質や職員らの労働環境などの問題について報じている。

（7）就学において子ども自身がどのようなことに困り感を抱いているのかについても丁寧に見ていく必要があるが、本書は保護者の経験に着目しようとするものであり、子どもの経験のされ方は別稿に譲りたい。なお、五歳児六歳児の子どもたちが、この移行過程をどのように経験しているのかを彼らの視点から理解することは相当の困難さが伴う。どのようにそこに迫ることができるかは改めて検討しなければならない。

四章　小一の壁の実相
――就労する保護者が抱える多様な困難

1．問題関心と研究目的

三章で指摘したように、「小一の壁」に対する政府の対策は保護者の就労支援に偏りがちであり、保護者自身が実際に子どもの就学時にどのような経験をしているのか、その中で彼らはどのような困難を感じているのかについての十分な検討がなされていない。「小一の壁」では、共働き世帯の子どもの放課後の預け先がないことや、時短勤務の制度などを用いて勤務時間を調整しなければならないことがクローズアップされているが、共働き世帯の保護者がこの時期に経験している困難は、それだけではないのではないか。

このような問題意識に基づいて、本章では、保護者を中心に据えてアプローチすることで、「小一の壁」の指摘では浮かび上がってこないでいる、子どもの就学時に保護者が経験する困難の実相を明らかにする(1)。

このために本章では、就労している保護者を対象としたインタビュー調査の結果を用いる。対象とする各家庭の保護者の働き方は、両親ともフルタイムというところもあるが、父親はフルタイムで母親はパートタイムというところもある。また、対象者には、就労している母親と子どもというひとり親世帯も含まれている。就労と子育てをめぐる困難を考える上ではこうした様々な世帯を含めて考える必要があると考えたからである。

本調査は、三章で説明した教育臨床社会学のミクロレベルの分析に当たるものである。対象者の生活と意識を記述するエスノグラフィーとして、就学時の各家庭の生活をできるだけ全体的（ホリスティック）に把握することを目ざした（酒井 1997）。事象を全体的に把握しようとするのはエスノグラフィー調査の一つの特徴である。生活とは種々の活動が相互に関連付けられて編成された在り方の総体であり、以下では日々の暮らしの中でなされる様々な活動の関連のつけられ方、生活の全体的な編成のされ方を細かく見ていく。こうした視点を取ることで「小一の壁」をめぐる議論では隠されている保護者の様々な困難を拾い上げることができる。

本章の分析ではとくに生活時間の変化に着目した。これは、「小一の壁」がもっぱら時間の側面の困難に着目していることを踏まえているが、問題にしたいのは子どもの朝の登校時間や学童保育の終了時間だけではなく、それぞれの家庭での一日全体の時間の使い方である。これは矢野（1995）が着目した生活時間の概念に相当するものである。生活時間とは英語で言うタイム・バジェット（time budget）、すなわち「一日二四時間を個人がどのように消費したのかの記録」であり、生活を時間の側面からホリスティックにとらえようとするものである。以下では、各家庭において保護者と就学した子どもはどのように時間を過ごしているのか、就学によりその過ごし方はどのように変化したのかを分析する。

また、それとともに、本章では保護者の人間関係の変化にも注目する。前章で紹介したリッジ（2010）は、貧困にあえぐ世帯に暮らす子どもの生活を明らかにするための手がかりの一つとして、仲間との人間関係に注目した。その理由は、リッジによれば、「仲間との友人関係を育んだり、社会的な交流を重ねたりすることは、子どもたちが社会的アイデンティティを発達させ、自分たちの社会関係資本を高めるうえできわめて重要な役割を果たす（一一九頁）」からである。また「友人関係やインフォーマルな人間関係は『社会の接着剤』として機能し、人々を社会構造へとつなぎとめる役目を果たしている」とも指摘している。我々はこれにヒントを得て、小学校への就学により、教師や他の保護者との人間関係がどのように変化するのかに着目した。保護者自身が安定して子どもの就学を乗り切れるかどうかは、保護者自身が小学校という新たな環境において、教師や他の保護者と良好な関係が形成できるかどうかが重要なカギとなると考えるからである。

2. 調査の概要

以上の問題関心と先行研究を踏まえ、本章では、保育園や幼稚園を修了して小学校に入学した子どもを持つ保護者の生活時間と人間関係の変化を、保護者の視点から捉える。このために、われわれ研究グループは、それぞれの知り合いを通じ、調査時点で小学校一年生または二年生の子どものいる保護者を探し出し依頼した。対象となったのは八世帯の保護者である。それぞれに対して、研究倫理に配慮して調査の趣旨を説明し、承諾を得たうえで半構造化インタビュー調査を実施した。調査は二〇一九年五月から七月にかけて行われた。

各世帯のプロフィールをまとめたのが表4－1である。名前はすべて仮名である。対象となった八世帯のうち七世帯は二人親世帯で、そのうち五世帯は父親母親ともにフルタイムで働いていた。一世帯は母親が育休中、二世帯は父親がフルタイムで母親がパートで働いていた。一世帯はひとり親世帯であり、実家の両親とともに暮らして子育てをしていた。

調査対象者の学歴は大卒や大学院卒が多く、職業は公務員、会社の事務や技術者、営業職が多いが、各対象者の個別情報は提示していない。保護者と子どもの生活の様子やそこでの困難は、保護者の学歴の高さや大括りな

表4-1　調査対象者のプロフィール

名前（仮名）	家族構成	保護者の就労状況	就学前	就学先	インタビュー対象者
井上さん	父、母、長男（小1）長女（年長）	父：フルタイム 母：フルタイム	保育所（0歳児クラスから）	公立小学校	母
清水さん	父、母、長女（小2）二世帯住宅の1階に母方の両親	父：フルタイム 母：パートタイム	保育所（1歳児クラスから）	公立小学校	母
山崎さん	父、母、長男（小1）、長女（1歳）	父：フルタイム 母：フルタイム	保育所（1歳児クラスから）	公立小学校	母
佐藤さん	父、母、長男（小3）、次男（小1）父方の母と同居	父：フルタイム 母：パートタイム	幼稚園（3歳児クラスから）	公立小学校	母
渡辺さん	父、母、長男（小1）、長女（3歳）	父：フルタイム 母：フルタイム	保育所（1歳児クラスから）	公立小学校	父・母
斉藤さん	父、母、長女（小1）、次女（年長）、三女（0歳）	父：フルタイム 母：フルタイム（育休中）	保育所（3歳児クラスから）	公立小学校	母
石川さん	母、長女（小1）母方の両親と同居	母：フルタイム	会社の託児所（0歳から）→保育所（3歳児クラスから）	公立小学校	母
森さん	父、母、長女（小1）	父：フルタイム 母：フルタイム	保育所（0歳児クラスから）→国外→保育所	公立小学校	父・母

職種だけではなく、各人の働き方や通勤時間、祖父母の手助けが得られるか否かなどに影響される面が大きく、属性との関連付けを過度に重視して理解しようとする考え方からは距離を置いている。なお、プライバシーの保護という観点から個人が特定できないようにプロフィールやインタビューデータに若干の修正を加えた箇所もある。

調査は、六世帯では母親に伺った。渡辺さんと森さんの二世帯は、母親・父親同席して話を伺った。なお、以下の分析の中で、「＊さん」と紹介しているのは、すべて母親を指している。二人の父親は、それぞれ渡辺さんの夫、森さんの夫と記している。

インタビューはすべて録音した上でトランスクリプトを作成し分析した。インタビューでは、就学したばかりの一年生や前年に就学した二年生の子どもを持つ方を対象としているが、その際に話の対象になった子どもが誰かは表中に下線で示している。これを見ればわかるように、佐藤さん以外の七世帯では、話の対象になった子どもが保護者にとって初めて小学校に就学した子どもであった。また、この七世帯では、対象となった子どもはすべて保育園から小学校に就学した。共働き世帯が増えているということは、就学の際の移行はこのようなパターンになるケースが増えていることも意味している。

本章におけるデータの分析では、メリアム（2004）の「一般的な質的方法」に基づいて、事象の特徴を捉えるためのカテゴリー（概念）の生成に努めるが、エスノグラフィーの観点を重視し、働きながら保護者が就学する子どもを育てる日々の生活の全体をできるだけ詳細に記述する。小田（2010）が指摘するように、現場を内側からするために、素材を生かして事象のディテールにこだわっていく。すなわち、各家庭の日々の毎日の生活の細部を詳しく記述することに努める。

3.「小一の壁」の実相

はじめに生活時間の観点から、改めて「小一の壁」として指摘された問題、すなわち共働きの家庭において就学時に仕事をどうするか、放課後の子どもの面倒を誰がどうやって見るかなどで悩み、仕事を辞めたり勤務時間の変更を余儀なくされるという問題が具体的にどのような状況で起きているのかを見ていく。

第二章で指摘したように、「小一の壁」をめぐっては、女性人材の活用の観点が強調されるようになり、彼らの就労を支えるために学童保育（放課後児童クラブ）の拡大が進められてきた。「小一の壁」として第一に指摘されるのは学童を希望しながらも待機せざるを得ない保護者の問題であるが、今回対象となった保護者にはそうしたケースは見られなかった。学童を希望する保護者はそれぞれ子どもを学童に預けることができ、お迎えの時間に子どもを迎えに行くことも多くの場合、なんとかできていた。

しかし、一見問題はないかのように見えるこれらの保護者も、子どもを学童に通わせるうえでさまざまな困難や悩みを抱えていた。つまり、外形的に学童保育の整備がなされても、保護者にとっては就学は様々な壁を感じさせるものだったのである。

このことを理解するための一例として、山崎さんのケースを見ていく。フルタイムの仕事に従事している山崎さんは、勤務先まで一時間半近くかかった。彼女の職場では、就学前の子どもを持つ保護者は、二時間まで育児のために勤務時間の短縮ができた。山崎さんは対象児が小一のとき、下の子が一歳だったため、この制度を利用して午後四時一五分に退勤して午後六時まで預かってくれる学童に迎えに行っていた。

こうした生活を送る山崎さんにとって、学童は子どもを預かってくれてはいるが、お迎えの時間に厳しく、「何があっても六時まで。六時にぴしゃって感じ」だという。山崎さんは毎日学童の終わる時間までに仕事を終えてお迎えに行こうとするが、様々な事情で遅れてしまうこともある。山崎さんは、学童ではそうしたことは考慮されず、午後六時の終了時刻までに必ずお迎えに来るようにと言われていることに困っていた。「電車遅延とかがあれば見逃してはくれるんですけど、六時までにお迎えに行かなきゃいけないっていうのも結構おっきくて」と、山崎さんはこのことの心理的重圧を語った。残業で退勤が遅くなる日は、「午後六時までに（一歳の長女と小学一年生の長男の）二人お迎え行かなきゃいけないので、ぎりぎり間に合うような計画を立てるか、どうしても無理なときは、夫の親が隣の市に住んでいるのでお迎えに行ってもらって」いた。

石川さんも営業職の正社員としてフルタイムで働いていたが、学童のお迎えのことが大変だと語った。彼女はひとり親として一人娘をそだてていた。子どもが三歳の時に実家の二世帯住宅に「（家賃が）数万くらいの破格の価格で」住むようになり、そこから一時間半かけて職場に通っていた。就学前は駅近くにある保育園に子どもを預けて働いていた。この時は、朝七時から七時半に保育園に子どもを送っていった。始業は九時で終業は午後六時だったが、「ちょっと三〇分だけ、若干残してる仕事とかもやりながら、六時半ぐらいに出て、七時四〇分ぐらいとか、四五分ぐらいに着いて、八時までにお迎えをして」いた。就学後と比べると、「今よりもすごい働けてたっていうのはありますね。」とのことであった。

これに対して就学後は、始業は九時のままで、退勤を午後五時一五分にしてもらって働き続けた。管理職の配慮で、「時短の形にしないでそのままの雇用でやってくれた」という。彼女によれば、「基本的に営業なので、自分の取り方（＝自分への仕事の割りあてられ方）と、あと、行動量さえ担保してれば大丈夫」とのことであった。ただし学童は午後七時までであり、仕事で多少残らなければいけないとなれば、延長利用のためのチケットを買って支払っていた。

公立・私立の学童保育の終了時刻は、このように午後六時や七時までというところが多い(2)。しかし定時に職場を出られても、通勤時間が長く学童の終了時刻までに迎えに行けない保護者もいる。また、残業が入り迎えに行けないことがしばしばあるという保護者もいる。だが学童保育施設の中には、終了時刻がかなり厳格に定められていて「何があっても六時まで。六時にぴしゃって感じ」というところもある(3)。「小一の壁」への対応として、放課後の学童保育施設は拡大したものの、施設の終了時刻や運用の在り方は、保護者にはかなり厳しいと感じられる場合があることが分かる。

終了時刻までにお迎えに間に合わない森さんは高額な保育料を払って夜遅くまで子どもの面倒を見てくれる学童保育に子どもを預けていた。森さんの世帯は夫婦と長女の三人世帯である。夫は九時から五時半が就業時間だが残業も多少はある。また営業の仕事をしている関係から残業以外にも客との会食などがあり、平日はあまり家にいないことが多いという。妻もフルタイムの正社員として働いており、勤務時間は九時一五分から午後五時半までである。通勤時間は一時間くらいで残業も月一〇回ほどある。残業について、彼女は「どうしてもやらないといけないタイミングが発生するので、その間は手伝ってもらうっていう感じです。あるときは夫に助けてもらって。迎えにいってっていう。」と語った。

就学前は保育園に七時近くまで預けており、それでなんとかなった。しかし、就学後、公立の学童保育は午後六時一五分で「強制的に終わっちゃう」という。費用は五千円と安いが、子ども四〇人に先生は一人しかいないために宿題を見てくれるということもない。

森さん夫婦は「(これだと)もう全然回らないので、民間の学童を探して預けることにした」と述べた。そして「夜ご飯も希望すれば食べさせてくれるような、お願いすれば結構いろいろやってくださるところで。私たちは、七時になったらお車で送ってくださるようにお願いした、娘を。」と語った。また、職員は子ども一五人に三人くらいいて、宿題も見てくれるので「そんなに家での負担にはなっていない」とも話してくれた。

ただし、こうしたサービスを利用するために、彼らは毎月約八万円から九万円の料金を払っていた。彼らは「(子どもが)二人、もしいたら多分厳しい」ともいう。彼らは、かなりの経済的負担を背負って、仕事と子育ての両立を図ろうとしていた。

高額ではあるものの他施設よりも長く開所している学童保育を選んだことについて、森さんは次のように述べている。

だから選択です。五千円のところに通って、時短を私がとって仕事を調節してってやるか、お金を払って仕事を調節しないで、その先も続けて仕事を行くつもりだったら、一回時短をとらないほうが、仕事の制限かかんないほうが、スムーズにそのままいくことが多いので。

また、このように語った森さんの後に、森さんの夫は、「一回時短とっちゃうと、本当に窓際族に絶対させられるから」、「給与制度も、時短にするとやっぱり下がる」と、時短をとることは、キャリアや給与の面でもマイナスになると説明した。森さん夫婦は、長期的な仕事上の見通しと比較考慮して、高額な学童保育を選択していたと言える。

さらに、何人かの保護者は課長代理、主任、グループ長などの中間管理職の立場に就いており、そのために職場を早くに退勤することは難しいというケースも見られた。たとえば、職場で主任の立場にある斉藤さんは、初任者に対する指導や助言が期待されており、「立場的に帰れない状況」だと述べた。自分の子どもが小学一年生になっても考慮されないという。また、清水さんの世帯では夫が職場で管理的な立場にあった。夫の終業時刻は五時だが、清水さんによれば「定時で終わるわけなく。結構遅い」という。忙しい時期は本当に遅くなると述べ、たとえば「大きい契約が取れたとか、決算出す時期だとかっていうのがあると、本当に日付変わるぐらいに帰ってきたり。」という状況になる。こうした状況にあった夫は、妻によれば「育児では全く使えず、戦力外」であった。妻も週に三回か四回、通勤が一時間半くらいかかる職場で九時から五時まで働いていたが、ほぼワンオペでの育児であったという。

このように、たとえ学童保育が一定程度整備され、取り決めの時間まで子どもを預けることができていても、保護者の困難は解消されるわけではなかった。仕事での残業の発生のために取り決めの時間までにお迎えに行けない場合にどうするか、将来のキャリアや収入を犠牲にしないために高額な学童保育に預けることの経済的な負担の大きさ、管理的な立場と子育てとの板挟みなど、仕事をする上で保護者が直面する様々な課題が、子どもの就学時に突きつけられるのである。また、お迎えに行ける保護者が一人であれば時間の問題はさらに厳しくなる。

ひとり親世帯はもとより、二人親世帯であってもどちらかの親が学童に迎えに行くことが全く期待できなければ、時間の問題は切実になる。

「小一の壁」の問題は、ともすれば外形的に保護者の就労中の子どもの預け先がないことだと言われるが、保護者自身がこのことをめぐって経験している困難は、それぞれが職場で置かれている状況に様々なのである。

4. 学校からの時間的余裕のない求め

就学により生じたもう一つの問題は、学校が保護者の就労に配慮せず、時間的な余裕を設けずに手間や負担のかかる対応を求めてくることであった。「小一の壁」では学童保育に関心が向けられがちであるが、保護者は、学校からの様々な要請に短期間で対応することにも困難を感じていた。

学校からの求めは入学前の説明会から始まる。小学校では二月の初旬に説明会があり、入学までに用意しておく持ち物について説明がなされる。今回話を伺った保護者から挙がったのは、以下の通りである。

図工バッグ、音楽バッグ、図書バッグ、体操着、体操着用の巾着袋、持ち帰り用の大きな袋（月曜バッグ）、ランチョンマット、算数セット（カード、ブロックなど）

保護者は、これらの袋類の購入や製作、算数カードや算数ブロックの購入、それぞれの持ち物への名前書きが求められた。井上さんは、二月から三月にかけての年度末の忙しい時期にこうした求めがあることの大変さを指摘した。その中で具体的に挙げられたエピソードの一つが算数セットであった。箱に入っている一つ一つの「すごくちっちゃな」用具に「すごい細かいピンセット」で名前シーツを貼り付ける作業について、井上さんは詳細に話してくれた。

また、清水さんは、小学校で必要な持ち物の準備について以下のように語った。様々なものを苦労して集めている様子がうかがえる。

バッグとかを作んなきゃいけなくて。保育園もそれはそうなんですけど、布団カバーとかを作らないと。寸法が決められてて、作んないといけないから。保育園って、みんな仕事してんのに変だなと思ったんですけど、小学校もまあそうで、手提げかばんとかいろいろ。あと筆記用具とか、お道具箱に入れるセロハンテープとか何とかっていう小物をごちゃごちゃ買わなきゃいけないし、ランドセルもラン活って言われるぐらい早めに探さないと売り切れちゃうんで、探したりとか。

説明会があって、入学前に。そこで必要なものが書かれた紙が渡されて、同じ保育園出身のお母さんとかといろいろやり取りしながら。お兄ちゃんとかがいたりすると、いろいろ分かるので、いろいろ聞きながら。バッグとかも結局、寸法に近いものを売ってる通販サイトがあって、そこを教えてもらって。だから、そういう人がいないと厳しい。

入学直後にも様々な持ち物の準備や名前書きが求められる。渡辺さんは、保育園の時は保護者が働いていることが前提で情報共有がなされたが(4)、小学校ではそうした前提がなく、翌日までに持ち物の用意や名前づけが求められることに困っていた。

何が忙しいって、まず入学したらすぐ名前、書いて、準備するものとかもすごく多くて。保育園のときは働いてること前提で情報共有がされるし、働いてること前提のタイミングでいろんなものがあるんですけど、小学校はそれが全然ないから、配られて、翌日までにこうしてくださいとか、配られて、結構、大量の名前付けがあるのに、二日、三日後にはこれ、もう使うので全部、書いといてくださいとかいわれて。もうそうすると、仕事してて、そんな計算カード、何十枚も大変じゃないですか。でも速攻、ネットでシール頼んで、即届くやつで来たやつをぎりぎり貼って間に合わせるとか、そんな感じで。やっと終わったなって思うと、今度は宿題が何とかかんとかとか、持ち物はこれでとか。それ以外にも、毎日サインしなきゃいけない連絡帳もあるし。

清水さんも授業で使う教材の用意について、授業前日に連絡されることに困っていた。たとえば、翌日に軍手を持ってくるようにとか、明日の工作に使う円柱形の容器を持ってくるようにと言われるという。彼女も、保育園とは違い、小学校では「みんなが忙しくて、働いてるから早めに言おう、みたいなのが突然なくなる」と指摘し、「働いてない人もいらっしゃるんで難しいのかもしれないですけど、その辺が一番困るっていうか。もうちょっと考えてほしい。」と述べた。

この他、多くの保護者が指摘したのは、学校から配布されるプリントの多さである。保護者は帰宅後の慌ただしい時間を割いて、子どもが学校から持ち帰った様々なプリントから必要な情報を読み取り、適切に、かつ即座に対応しなければならない。渡辺さんは学校から大量の情報がプリントで届くことに閉口していた。清水さんもこの点について、以下の通り説明してくれた。

いろんなプリントが山のように来て、その中から持ち物とかを解読する作業がまず生じるっていう。だから、何月何日に何を持ってかなきゃいけないっていうのがプリント一枚じゃ分かんなくって、三、四枚照合しないと分かんないんですよね。学年だより、クラスだより、なんかの科目のお便りみたいなやつを三枚見て初めて、学年だよりには書いてないけど、実は五月二五日にペットボトルが二本必要だとかっていうのが分かったりするんで、それがまず超面倒くさいんですよ。簡潔じゃないんですよ。

このほか、渡辺さんが名前書きとともに困っていたのは、子どもの宿題に保護者が関与しなければならないことであった。子どもの宿題を見守り、宿題をやったことについて何かコメントを書いて報告することが求められており、このことを渡辺さんは「親の宿題」と呼んでいた。

渡辺さん：やっと終わったなって思うと、今度、宿題が何とかかんとかとか、持ち物、これでとか。それ以外にも、毎日サインしなきゃいけない連絡帳もあるし。
渡辺さんの夫：交通安全を守ったか、みたいの。毎日チェックするやつとか。
渡辺さん：そう、親の宿題もすごく多くて。なんか書いたりとかする、見守りというか、やりましたみたいなのをいろいろ書くのがあるし。なんか多いんですよね。

また、山崎さんは保護者会や個人面談の日程を直前に言われることに困っていた。山崎さんは、仕事の調整をしなければならないため、こうした日程をなるべく教えてほしいと述べた。

地味に保護者会とか個人面談の日程とかも、結構直前に言われたり、入学してから、「四月何日に保護者会あります」って言われて、休み取れないと思って。入学する前にもうその予定立ってたよねと思うのは、なるべく本当に早く教えてくれないとなってなりましたね。

就労している保護者のインタビューから浮かび上がったのは、学校が自分たちの生活の状況を考慮せず、即座の対応を求めてくることであり、保護者はかなりの不満を抱いていた。また、小学校が専業主婦世帯の生活状況を想定して家庭とかかわろうとしている様子もうかがえた。翌日の教材の準備を求められることや間際になっての保護者会のお知らせ、毎日の子どもの宿題への関与などは、時間にある程度余裕のある専業主婦であることを想定した依頼の仕方になっている。また、ＰＴＡの活動が平日の昼間になされていること、子どもの欠席の連絡はメールではなく、連絡帳に書いて子どもの友達に託すように指示されていること、学校指定の制服や体操着などはオンラインではなく、学校指定の店で購入しなければならないことなども、保護者が就労している世帯では、かなりの苦労がともなっていた。

5．疲れを見せる子どもへの心配

保護者はこのように学校に対して不満感を募らせる一方で、就学によって子どもの生活時間が大きく変化し、疲れを見せたり、ストレスを溜めてしまうことを心配していた。

小学校に就学すると、子どもたちは起床から就寝まで、一日を通して小学校の時間に合わせなければならなくなる。就学すると、多くの子どもは就学前よりも朝早く起きて、決まった時間までに用意して登校しなければばならない。小学校の登校時間はかなり厳格に決められており、保育園の時のように少し遅れて登園するということは難しい。自宅に帰る時間は就学前とあまり変わらないが、朝が早いため就寝時刻を早める必要があり、家で起きている時間は短くなる。その間に子どもは宿題や明日の学校の準備など、様々な用務を済ませなければならない。

たとえば、渡辺さんの子どもは、就学前よりも、起きる時間が一時間一〇分から一時間半ぐらい早くなった。小学校は八時に校門が開く。学校からは、「その時間に学校に着いていてくださいっていうふうに指示され」ているため、同じマンションで同じ小学校の子たちと七時四五分から五〇分に待ち合わせして登校し、八時ぴったりに学校に着くようにしていた。

放課後は学童で過ごし、午後七時に終わるまでに渡辺さんが迎えに行き、帰宅する。日によっては学童を早く終えて午後四時半から六時まで校庭で開催されているサッカー教室に通い、終わる時間に渡辺さんが迎えに行き、保育園に妹を迎えに行って帰宅という流れになる。そして、そのあとなるべく早く寝るために子どももかなり慌ただしく時間を過ごしていた。

また、山崎さんの世帯では、午後六時までに山崎さんが学童にお迎えに行き、六時過ぎに帰宅していた。家に着くころには子どもは疲れているため、山崎さんは九時ぐらいには子どもを寝かそうと考えていた。つまり、子どもが帰宅後に起きている時間は、三時間足らずしかない。この短い時間で、子どもはご飯を食べ、お風呂に入り、宿題をした。宿題は四月から毎日出ていた。「ひらがなの一日一文字ずつ勉強したのをなぞって練習して書いてみたいなの」や、数字の練習や足し算の宿題が、裏表にプリントされて一枚ずつ出された。

算数は親が丸付けをしなければならなかった。また、子どもが国語で習っている箇所を音読するのを保護者が聞いてチェックする「音読カード」もある。「よい姿勢で読めたとか、大きな声で読めたとか、間違えずに読めたとか、そういう四項目ぐらいを聞いて、マルしたりとかする」作業が毎日あった。さらに、次の日の持ち物をそろえることや鉛筆削りなども、保護者はできるだけ子どもにやらせようとした。この作業も「いちいち何度も声掛けてようやくやるみたいな」日々だという。

保護者の多くは、入学当初、子どもたちがたいへん疲れていたと指摘した。たとえば、渡辺さんの夫は、「小学校に入学した当初は、もう学校で疲れちゃって。お風呂入る前に寝ちゃうっていう日が週に二日ぐらい」だったと語った。また、渡辺さんも以下のように述べた。

　七時とかに、夕食を食べるのが七時半とかだとすると、その前に寝ちゃうとかも週に何回かあって、あれ、歯も磨けてないとかっていうので、朝、慌てて磨いたりとか。あとはご飯、食べてお風呂、入る前に、気付いたら寝ちゃってるとか。あとは暗唱の練習をしようと思ってやるじゃないですか。そうすると、ちょっと疲れてたりとか眠いとすごい怒るんですよね、イライラして。そのイライラしてるうちに寝ちゃうとか。イライラしだすと、ああ、寝ちゃうかもと思って。

森さんも、子どもが学童から帰宅してから寝るまで時間的な余裕がなく、「通しでぶっ続け」だと、以下のように語った。

森さん：ゆとりないです。寝かせるまではないです。
（中略）
調査者：……平日の夜は、そこまで時間がないから、話す時間とか一緒にテレビ見たりっていう感じで。

森さん：ちょっと余ったらそうですね。余らなかったらもう、ほんと、通しでぶっ続けで。（中略）お尻たたいて。（中略）「早く食べて」「早くお風呂入って」「寝なきゃ」みたいな感じ。

さらに六月になってプールが始まると、森さんの子どもはますます体力が消耗し、食べながら寝てしまう日もあったという。

森さん：最初は疲れて寝て、ゴールデンウィークでようやく慣れてきたかなと思ったら、一〇連休で崩れちゃって。結局整ったのって六月中旬ぐらいまではそんな感じで、そこから学校のプールが始まったりして、相変わらず（習い事のプールと学校のプールの）ある日は食べながら寝る。

保護者は疲れた子どもの様子を見て、睡眠時間を九時間程度はとるように努めていたが、保護者の中には、もっと必要かもしれないと指摘する者もいた。

また、小学校では、朝の会、授業、給食、掃除などの時間割が細かく区切られ、それに合わせて行動しなければならなくなる。就学したばかりの子どもが感じる負担として、保護者がもう一つ指摘したのは、細かく区切られた学校時間に合わせることの難しさであった。保育園や幼稚園は、登園時間も比較的緩やかで、園での活動も子どもの様子に合わせてある程度柔軟に進められている。しかし、小学校では時間割に合わせて活動が進められる。佐藤さんは、幼稚園とは対照的に小学校では全部時間で区切られており、入学当初は子どもがイライラしていて疲れている様子であったと語った（傍線部参照）。

佐藤さん：（幼稚園は）何時に何々してみたいな細かく時間で区切られた生活をしてなかったんで。小学校、入ったら全部時間で区切られる、一時間も決まってるし、休み時間も決まって、お昼の時間も決まって、そういう時間に区切られた生活をしてきてなかったんで、ちょっとイライラ。疲れ、なんかその時間で動くみたいな、最初の頃はそれで疲れてる感じが。疲れてるなっていうふうには思いました。

山崎さんも、そうした時間の過ごし方により、子どもには結構ストレスがかかって大変そうだと、以下のように語った。

山崎さん：授業、ちゃんとすごい時間が保育園よりもかっちり決まってるので。一時間目が何時から始まってとかが、この間にこれをやるとかが結構決まってるのが、うちの子、特にそういうのが苦手というか切り替えるのが難しい子なので。結構、学校の先生とも話してたんですけど、間に合わないとか切り替えられないとかそういうのがあって、本人は結構ストレスなんだろうなっていう。保育園じゃ、「あと何分ぐらいしたらお片付けしようね」とかって緩やかな感じだったのが、授業みたいな、何時から何時までとか、給食も何時から何時までとかってすごいかっちり決まっているので、結構それが大変そうですね。

6．先生や保護者との人間関係の疎遠化

このように、小学校就学により、保護者の生活とともに子どもの生活も大きく変化し、親子ともどもストレスを抱えがちになる。また、保護者は自分自身の就労のこととともに、親として子どもの体調やストレスを心配す

る。だが、子どもの担任の先生やクラスの他の保護者との人間関係は、保育園の頃より疎遠になっていく。とくに担任の先生との関係の疎遠化は、今回インタビューしたすべての保護者が指摘した。

こうして保護者は子どものこと、自分自身の仕事のことで様々な悩みや心配を抱えながらも、学校には相談できずになんとかやりきるしかなくなるのである。保育園では毎日送り迎えがあり、日常的に先生と話ができたが、就学後は、担任の先生とは年に数回しか顔を合わさない。

たとえば、斉藤さんは、小学校に入ると、クラスの子どもの人数が多くなるため、一人一人をきめ細やかに見ることはできないと述べた上で、「先生との距離はやっぱり全然違う」と述べた。保育園では、送り迎えで園に行って「どうでしたか先生」と聞けば、「でも頑張ってたわよ」と答えてくれるような、「本当に近い会話が生まれる」という。しかし、小学校では、そういうわけにいかない、先生に会うことは年に何回しかない、と述べた。

この理由のひとつとして、保護者は小学校の教師の多忙を指摘した。佐藤さんは、小学校の教師から「連絡帳の連絡に全部に答えられないときもあります」と事前に言われたと、以下のように語っている。

佐藤さん：連絡、休みます、連絡帳で全部連絡するんで。多分、子どもの心配な様子とかは、それに書いたら返事もしてくれるんかなと思うんですけど、先生もすごい忙しいんで、連絡帳の連絡に全部に答えられないときもありますって最初から言われてるんで。

保育園にも小学校にも連絡帳はあるが、その役割はかなり違っている。保育園の先生は、忘れ物がないように書いてくれたり、子どもの成長の様子を教えてくれることが多かった。しかし、小学校では、欠席の連絡などのための事務的なノートとして用いられている。清水さんは、保育園では、一人ずつ子どもの今日の様子を連絡帳に書いてくれるが、小学校ではそうした連絡がないため、子どもが学校で何をしてるか分からないと語っていた。

このように、先生とのコミュニケーションが疎遠になることで、心理的なつながりも薄くなっていく。石川さんは、保育園では先生が「汲み取ってくれてる感じ」がしていたと言うが、小学校は「どちらかというと、入り込めないっていうこともあるので、ちゃんとぴっと線引きはあるような感じがする」と、その違いを指摘した。

石川さん：保育園は、（中略）先生には、連絡ノートに、ママ、よろしくね。これ締め切りだからとかって書いてくれたりして。はい、分かりました。すいませんとかって言って。本当、先生が支えてくれましたよね。

調査者：保育園のときはですよね。

石川さん：汲み取ってくれてる感じですよね。私のところとかも。だから甘えちゃってて申し訳なかったんですけど、すごい心身ともに、いろいろ支えてもらえたなあっていうのはありますね。小学校はどちらかというと、入り込めないっていうこともあるので、ちゃんとぴっと線引きはあるような感じがするんで。

井上さんは保育園の先生とは日常的に話ができたと述べた。友だちと喧嘩した時も、相手と上手に仲直りできた様子や先生が間に入ってくれたことを聞いて、「すごい見ててくれてんなって感じがする」と話した。

調査者：なるほどね。保育園の先生とは日常的にしゃべるよね？　送り迎えのとき。

井上さん：しゃべりますね。

調査者：結構細かに子どものことを情報共有するよね？

井上さん：めっちゃしてくれる。今日こんなことがあって、あの子と喧嘩しちゃったけど、こういうふうに言って、こういうふうに二人で解決したよとか。あとは先生が間入ってこういうふうに伝えたら、ごめんねがちゃんと言えたよとか。すごい見ててくれてんなって感じがする。見てくれてない先生もいるけどね。

また、就学後はクラスの保護者との関係も疎遠になっていく。話を伺った保護者は、就学前の保育園、幼稚園の方が保護者同士の付き合いがあったと述べた。たとえば清水さんの子どもは保育園に通っていたが、その時は仲の良い「ママ友」がいたと次のように述べている。

清水さん：保護者同士の感じとかも。私、保育園のときはすごいママ友とか、パパもいますけど、ごく少数はすごい仲良くって、まだ飲みに行ったりしてるんですけど、すごい楽しくって。仲いい人が十何人とかでカラオケ行ったりするんですけど、すごい楽しくて。

しかし、小学校に入ってからは保護者同士の付き合いはほとんどなく、「なんかやりづらい」と述べている。

清水さん：小学校入ってからは保護者同士の付き合いってほとんどなくって、なんかやりづらいんですよね、だから。保育園だと、みんなが仕事してたり、忙しいみたいなのが共有されてる土壌があるんですけど、なくなるんで。子ども同士がうちに結構、遊びに来たりするんですけど、そうするとお礼言ったりとか。「いや、大丈夫です。いつでも来てください」みたいな、その程度のやり取りはしますけど、保護者同士で付き合ったりっていうのは、あんまない。話しづらいんですよ、なんか。「私は仕事してないから、難しいこと分かんないんですけど」とかって言われたら、返しに困っちゃうからあんまり。

前記のインタビュー記録の中で清水さんが述べているように、「保育園だと、みんなが仕事してたり、忙しいみたいなのが共有されてる土壌がある」が、小学校に入るとそれがなくなり、お互いの距離が離れていく様子がうかがえる。清水さんは、小学校の保護者とは気を遣ってしまうとも述べた。

また、パート勤務をしている佐藤さんは子どもを幼稚園に通わせていた。彼女も就学前は保護者同士、「学年超えて仲いいみたいな感じ」だったという。しかし小学校になると「全然付き合いの密度が違う」と語った。

調査者：そうすると、保護者同士の関係も学年を超えて、それも、子どもたちもそうだけど、お母さんたちとかも、みんなわりと。
佐藤さん：そんな感じでした。学年超えて仲いいみたいな感じでした。
調査者：佐藤さんが本当に幼稚園と小学校で、こういうこと違うなとか、すごく感じた違いの面ってどんなところがありますか。
佐藤さん：やっぱり時間に区切られた生活になるってことと、先生との距離が遠いって思うのと、保護者の顔も分からない人が。どんな人が。茶話会とかがあって行くんですけど、幼稚園に比べたら、もう全然付き合いの密度が違うし、違うなって思った。

就学前は、就労している保護者の子どもは保育園に通い、専業主婦やパート勤務の保護者は幼稚園に通うという形で、就労状況に応じて子どもの通う施設が分かれている。清水さんが指摘した「共有された土壌」や、佐藤さんの言う「学年超えて仲いいみたいな感じ」が醸し出されるのは、二元化された幼児教育により、保育園、幼稚園それぞれ、生活環境の似た保護者が集まりやすいということが大きいと思われる。これに対し、小学校は様々な生活環境の保護者で構成されるため、関係構築が難しいのかもしれない。

先に述べたように、子どもが就学すると、保護者は就労と子育てをめぐって様々な困難に直面する。しかし、それとともに、就学前は先生や他の保護者にいろいろ相談できたのが、就学後はそうしたことがしづらくなっていくのである。

7. 結論

本章では子どもの就学をめぐって保護者が経験する困難について、八世帯の保護者へのインタビューに基づいて検討した。個々の世帯の生活状況はそれぞれ異なっており、保護者が感じた困難にも違いが見られたが、就労している保護者には、時間の余裕がほとんどないという点では共通していた。

小一の壁は、共働きの家庭において、就学時に放課後の子どもの面倒を誰がどうやって見るかなどで悩むことだと言われる、その具体的な問題として、学童保育に入れないことや終了時刻が早くお迎えに間に合わないことが挙げられる。しかし、今回、ごく限られた人数の保護者に話を聞いただけでも、子どもの就学の際には、より広範囲にわたる様々な厄介な困難を抱えることが浮かび上がった。

第一に明らかになったのは、「小一の壁」として指摘されている問題、すなわち放課後の預け先がないこと、学童の開室時間が短くお迎えに行けないこと、などはそれらが外形的に解決されたとしても、保護者の困難や悩みは消えないということである。普段はお迎えに行けたとしても、残業で行けない場合にどうするかを考えなければならない。また、預け先があっても限られた時間でお迎えに行くにはキャリアや収入との選択を迫られる。

悩みを回避しようとすれば相当な経済的負担が生じる。こうしたさまざまな困難が付随しているのである。さらに、子育てにあたる保護者が二人なのか一人だけなのかでも、その困難さの度合いが異なる。

第二に、就労する保護者にとっての時間の問題は「小一の壁」が想定している学童の問題以外にも、保護者の就労を想定せずにさまざまな要求を課す学校のあり方からも生じていた。かなりの負担量の要求が時間の余裕がない形で示されることに、就労する保護者は困っていた。

第三に、保護者は、就学に伴って子ども自身が抱える困難やストレスにも心を痛めているということである。就学は子どもの生活を大きく変化させ、疲れやストレスを生じさせる。小一の壁への対応として政府は学童保育の整備を進めているが、その結果、多くの子どもが長時間にわたり家庭外で過ごすこととなっている。家庭でのわずかな時間は、食事や入浴や宿題、次の日の用意に当てられ、子どもたち自身もかなりタイトなスケジュールでの生活が求められており、それが子どもの疲れを生じさせている。保護者としてはそうした子どものことで悩んだり、心配を抱えることとなる。「小一の壁」への対策では、子どもの親として保護者が抱えるこうした困難・心配事への配慮が弱い。

第四に明らかになったのは、子どもの就学後、保護者と周囲の関係は疎遠になっていくことである。担任の先生からも周りの保護者との関係も疎遠になり、保護者は自身が抱える困難や心配を共有したり相談する機会が持てなくなっていく。

就学後の保護者が抱える困難は、こうした複合的な要素により、その度合いを増していくのである。前章で指摘したように、社会問題として「小一の壁」が問題化されたのは、女性の労働力の活用が求められたからという側面が大きく、そのため母親の就労支援のための学童保育の整備は進んだ。しかし、母親を含め、保護者がこの時期に直面する心配や不安、困難の内容は、そこで想定されているよりも多岐にわたっており、そこには様々な要因が絡み合っているのである。

8. 考察――余裕時間のない綱渡りの生活を強いられる家庭

子どもの小学校就学後の各世帯の生活を一言で表現すれば、「綱渡り」の生活と表現することができる。綱渡りとは、保護者が子育ての心配やストレスを感じながら、細かく区切られた小学校生活の時間に合わせて日々の生活をなんとかやりくりしている様子を指す概念である。また、周りのサポートも得にくく、保護者が孤立しがちな姿も表している。

今回対象とした保護者は、経済的には安定した家庭や実家の支えがあった家庭などが多かったこともあり、なんとかこの綱渡りの生活をやりくりしていた。しかし、身近に援助してもらえる者がいなかったり、経済的に不安定な家庭では、この時期の生活のやりくりはかなり困難だと思われる。

子どもを持つひとり親世帯の保護者は、この綱渡りの生活を上手に過ごすことがかなり難しく、行政による福祉サービスが一定程度備わっていなければ、就学時に非常に大きな困難に直面するものと予想される。この点については、ひとり親世帯の保護者へのインタビュー調査の結果を基に次章で報告する。

なお、就学後の保護者の生活時間をより深く理解する上で、製造工程管理における「余裕時間」という概念が参考になる。(5) 製造業の工程管理においては、ある作業を行う上での「標準時間」を計算するが、その際、標準的な作業者がその作業を行う際にかかるであろう「作業時間」に、必ず「余裕時間」を加える。余裕時間とは、「作業の実施中、管理上の問題や作業者の疲労などで作業が中断されたために生じる遅延時間のこと」である。それは避けることが不可能な遅延であり、作業に必要な時間として見込んでおかなければならない。

就労する保護者が「綱渡り」の生活を余儀なくされる理由の一つは、「余裕時間」が設けられていないことによる。工程管理では余裕時間を含めて標準時間が設定され、作業が進められる。しかし、労働者である保護者が、就労と子育てを含めた自身の生活の全体的な時間管理をする際は、「余裕時間」を含めて「標準時間」を設定することができない。

日々の生活において、労働者は自己責任で時間の管理をすることを求められる。しかし、その際に、彼らが独自に「余裕時間」を申告することは難しい。彼らが有する力は圧倒的に弱く、労働者としての保護者は、仕事と子育ての「作業時間」だけで「標準時間」を設定することが社会的に期待されている。こうして、必然的に彼らの生活は「綱渡り」となる。余裕を持たせて退勤時間を設定し、安心して就労と子育ての兼ね合いを図ることは許されていない。

もう一つの要因は、就学後は、子育て支援の観点が弱まることである。児童福祉施設である保育所は、就労している保護者の支援を旨としており、保育所保育指針（二〇一七年改訂）には、「保護者の状況に配慮した個別の支援」の項が盛り込まれ、保護者の就労と子育ての両立を支援するために、保護者の多様化した保育の需要に応じることと記載されている。余裕時間が持てずに生活時間を送る保護者にとって、こうした構えで受け入れてくれる保育所はある程度の安心感が得られる預け先となる。

また、国も就学前までは子育てと仕事を両立させるための様々な育児支援制度を設けている。先に指摘された短時間勤務制度もその一つであり、キャリア上の不利を伴うが、それでも就学までは各企業に努力義務として課されている。

しかし、就学後はそのような保護者支援の観点が弱くなる。小学校では朝の子どもの登校時間がかなり厳格に決められている。このため、保護者は子どもを早めに学校に送り出して出勤することはできず、どちらかの保護者が勤務時間を遅らせたり、親に頼ることなどが生じる。

一方で、放課後児童クラブ（学童保育）は、二章で指摘したように、保護者の就労支援のための施策と位置づけられて量的拡充が目指されることとなり、子どもの安心や安全、学童保育の質という議論が後景に退いていった。全国学童保育連絡協議会が厚生労働省の会議に提出した資料によれば、厚生労働省令「放課後児童健全育成事業の設備及び運営に関する基準」では、「支援の単位」を「おおむね四〇人以下」と定めたものの、子ども集団の規模の上限を超えて、大規模化した現状を追認していたり、条例に経過措置を設けて容認している市町村もある現状が指摘されている。(6) これに対して同協議会では「人数のとても多い学童保育では、安全確保に限界があり、子ども集団の規模の上限を守る必要があること」「専任の指導員を常時複数配置することの必要性」「成長過程にある子どもの、遊びや生活のなかでの『危険』をどのように考えるか」「『安全・安心』について、子どもと一緒に考え、つくりあげることの大切さ」などについて提起している。就学後、保護者は子どもの疲れやストレスを憂慮していたが、そこにはこのような急ごしらえで施設が増設された学童保育の保育の質の低さもかかわっていると考えられる。

このように就学後は、小学校も学童保育も就労している保護者に配慮した柔軟な対応ができずにいるため、もともと非常に苛酷な時間管理を迫られている保護者は、ますます厳しい状況に追い込まれてしまう。「小一の壁」は、保護者の雇用主である企業・職場と、子どもが就学している学校がそれぞれ設定した時間や作業の求めを、自己責任によりやりくりすることを保護者に課していることから生じている。子どもの就学は保護者の義務として、また女性の就労も社会的な期待のもとで促進されているが、保護者の就労と子どもの就学の間の全体的な調整がなされずに、各世帯の保護者がそれぞれへの対応を担わされているのである。

注

（1）本章は、二〇二〇年に刊行された共著論文（酒井ほか 2020）と、その論文を執筆するために行った調査で得られたデータを、「小一の壁」問題を批判的に捉えようとする本書の趣旨に沿って、問題設定や分析を大幅に再構成したものである。

（2）こども家庭庁『令和五年（二〇二三年）放課後児童健全育成事業（放課後児童クラブ）の実施状況』によれば、終了時刻が午後七時ないしそれ以前となっている施設が全体の九二・八％を占めている。

（3）今回調査した中には、延長した場合にはその分お金を払ってもう少し柔軟に対応してくれるという施設もあった。

（4）保育園においても持ち物の用意や名前書きは大変だという指摘もあった。斉藤さんは保育所の準備のほうが大変だったかもしれないと語っていた。ただし、小学校の方が学用品などの持ち物が増え、その分の準備は余計に大変になる。

（5）日本産業規格「標準時間」規格番号 JIS Z8141 規格名称 生産管理用語 主務大臣 経済産業（制定年月日 1983/03/01 最新改正年月日二〇二二年三月二二日）、「工程管理について」
https://it-trend.jp/process_management/article/464-0008

（6）全国学童保育連絡協議会「こども家庭庁 こども家庭審議会 こどもの居場所部会 ヒアリング」こども家庭庁 こどもの居場所部会（第三回）二〇二三年六月一三日資料、chrome-extension://efaidnbmmnnibpcajpcglclefindmkaj/https://www.cfa.go.jp/assets/contents/node/basic_page/field_ref_resources/346b4ee3-fb6b-40a3-a009-ff749017d93e/d3950be3/20230609_councils_shingikai_kodomo_ibasho_m40H21KR_05.pdf

五章　ひとり親世帯の保護者にとっての就学

1. はじめに

「小一の壁」では、就労する保護者が子どもの就学の際に抱えるいくつかの時間的な問題が取り上げられている。前章では就労する保護者はそうした問題のほかにも様々な問題を抱えていることを明らかにした。

しかし、保護者の生活の状況を規定しているのは、就労しているかどうかだけではない。それぞれの家庭が抱える生活上の困難や生活状況を規定する要因は様々ある。「小一の壁」では共働きかどうかだけにスポットが当てられているが、それだけではなく、配偶者との離婚や死別、家族成員の中に病気や障害を持つ者がいるかどうか、保護者の両親との同居、高齢の両親の介護など、様々な事象が日々の家族の生活を規定し、子育てにも影響する。二章で示した四つの問いのうち、三つ目の問いに挙げたのはこうした多様な家族の状況によって、子どもの就学をめぐる保護者の経験はどのように異なるのかである。

本章はこの問いに関わって、離婚などの理由により、ひとり親で子どもを育てている母親を対象とした調査の結果を報告する。様々な社会経済的な困難を抱えているひとり親世帯の保護者は子どもの小学校への就学をどのように経験しているのだろうか。

なお、ひとり親世帯は母子世帯と父子世帯に分けられるが、「令和三年度全国ひとり親世帯等調査結果報告」によれば、母子世帯が一一九・五万世帯、父子世帯が一四・九万世帯であり、約九割が母子世帯である。令和二年の母子世帯の年間収入状況を確認すると、平均は三七三万円であり、児童のいる世帯の平均所得額（八一三・五万円）と比較すると半分以下である（父子世帯は六〇六万円）。ひとり親世帯の多くが母子世帯であり、経済的困難も深刻であると考えられるため、本章では母子世帯に焦点を当てる。母子世帯では生計を立てることと子育ての負担を母親が一手に引き受けることとなり、ふたり親にくらべて相当程度負担が高いことが予想される。共働きの二人親世帯よりも時間的な都合をつけることも難しくなるだろう。

こうしたひとり親の母子世帯の抱える困難をより深く理解するために、本章では母子だけで暮らしている世帯と母子生活支援施設に暮らしている世帯とを比較する。(1) 母子生活支援施設とは、児童福祉法第三八条に基づく児童福祉施設であり、二〇二三年現在、全国に二〇五施設ある（厚生労働省 2024）。現在、この施設には四五三八名（二七八〇世帯）の子どもが暮らしており、そのうち、虐待経験がある者は六五・二％を占める（子ども家庭庁 2024）。母子の入所理由としては、「配偶者からの暴力」がもっとも多く五〇・三％を占め、次いで「住宅事情による」が十五・八％、「経済的理由による」が一〇・六％と続く。母子には個別の部屋が与えられ、一緒に生活することができ、施設職員は母親と子どもが抱える課題に対応しながら自立に向けた支援を行う。

母子生活支援施設に暮らす母子は、ひとり親世帯のうちごく少数ではあるが、そこで暮らす保護者に注目することで、移行時期に身近に支援がある人とない人との違いを見出すことが期待できる。本章では、こうした問題意識に基づいて、母子生活支援施設で暮らしたことのあるひとり親と、暮らしたことのないひとり親を対象に、小学校への就学準備、および就学の過程について聴き取りを行い、双方の経験のされ方を比較対照していく。加えて、施設職員を対象としたインタビュー調査も行い、母子に対する支援の様相についても明らかにする。なお、次節以降では、母子生活支援施設を施設と表現する。

2. 対象と方法

前記の目的を達成するために、我々は首都圏の二つの母子生活支援施設（XとY）の施設長に依頼し、その施設に暮らす保護者と施設外で暮らすひとり親世帯の保護者に調査の協力を募った。調査時期は二〇二〇年代のある年である。(2) 施設長と当事者の承諾を得て、施設に暮らす母親二名（山田さん、山下さん）、施設で暮らしたのち、近所で暮らすようになった母親二名（李さん、山口さん）、施設が行う地域活動に参加したことにより、施設が把握するに至ったひとり親の母親二名（池田さん、橋本さん）、ならびに施設職員一名を対象として、半構造化インタビューを実施した。

それぞれのインタビューは、各調査対象者に対して二名の調査者で行った。場所は施設の一部屋をお借りした。インタビュー時間は一人あたり平均五八分である。インタビューデータを文字起こしし、就学前後の生活の変化やその頃の生活について言及している部分に注目し分析を行った。(3) なお、施設職員に対しては、主に子どもが就学する時期の支援について聴き取りを行った。

分析にあたっては、前記の対象者六名以外に、四章の調査の対象者である、ひとり親の石川さんのデータを加えて行った。分析対象となったひとり親世帯の七名の母親は表5-1の通りである。名前はすべて仮名である。

山田さんから山口さんまでの上段四名は施設居住経験があり、李さんと山口さんについても、子どもの就学移

表5-1　分析対象者一覧

名前（仮名）	家族構成	就労状況	インタビュー時の子どもの年齢	現在の居住形態	施設に居住した経験
山田さん	本人、子ども	正社員＋資格取得に向け教育機関に在籍中	小3	施設に居住	有
山下さん	本人、子ども	無職	小1	施設に居住	有
李さん	本人、子ども	正社員	小2	施設に居住後、近隣に居住	有
山口さん	本人、子ども	臨時	小2	施設に居住後、近隣に居住	有
池田さん	本人、子ども	自営	小3	施設の近隣に居住	なし
橋本さん	本人、子ども、祖母	病気療養中のため休職中	小1	施設の近隣に祖母と同居	なし
石川さん	本人、子ども、祖父母	正社員	小1	母方の祖父母と同居	なし

行時には施設に居住していた。池田さんから石川さんまでの三名は施設に居住した経験はない。山田さんから池田さんまでの五名はひとり親で、母子で暮らしているが、橋本さんは橋本さんの母親と同居、石川さんは石川さんの両親と同居している。

なお、次節より提示するインタビュー内容については、個人情報保護のため、分析に支障のない範囲で修正を行った箇所があることを付け加えておく。

3. ひとり親が経験した就学前の準備と手続きについて

インタビューデータを分析したところ、就学移行時の生活の語りとして、①就学前の準備・手続きについて、②相談相手について、③就労について、④保育園と小学校の違いにまとめられた。

一点目については、総じて施設に居住していない母親からは、入学前後の準備や手続きが「大変だった」という語りがあった。

調査者：学童は、もうあれですよね。一年生のときから、もう入ろうって思って、申し込みとか説明会とか行かれましたよね。

石川さん：そうなんですよ。大体、年長さんの秋ぐらいに説明会がありまして、それちょっと、私行けなかったんですけど、仕事で。そこから申し込みと、審査みたいのも入るので。

（中略）

調査者：そういう（小学校入学に向けての）準備はどうでしたか。

石川さん：一か月ぐらいかかりましたね。もうお金で解決できることはあって。全部作るんですよ。体操着入れだとか、そういうのも作って。秋口にそういうのが必要ですよっていうのは、もう事前に知らされてくるので、準備期間はあったんですけど、卒園の準備もいろいろあったりもするし。（中略）やっぱり卒園式が終わらないと、小学校っていう頭にならないじゃないですか。

このように、就労していた石川さんは学童の説明会に、仕事のため参加することができなかった。就学に向けての説明会は平日の日中に行われることが多く、保護者が仕事の都合をつけられない場合には参加することができない。また石川さんは小学校入学に向けて必要な準備をするのに、約一か月かかったという。平日日中は働き、それ以外の時間で、家事育児をしながら、購入したり製作したりして準備をせねばならず、この時期は休まる時間が十分ではなかったと考えられる。

子どもが小学校入学時期に、療養中の症状が重く出ていた橋本さんは、必要な書類の記入が難しく、学校の先生や保育園の先生、クラブの先生に一緒にやってもらったという。

橋本さん：一番困るのが、学校に入学するときに、書類とかいっぱい書かなきゃいけなかったときが……。
調査者：いっぱいあった。
橋本さん：一番、どピークで駄目だったときだったんで。
調査者：ああ、そうなんですね。
橋本さん：そういうときは、もう学校の先生だったりとか、保育園の先生とか、ちょっと、あのクラブの先生に一緒にやってもらいました。ここはこうやって書きますとか。で、理解ができなかったんですよ。

小学校入学に際して求められる書類は多い。橋本さんは、初めての書類で「いっぱい書かなきゃいけなかった」ため、周囲に支援を求めて記入をこなしていた。

一方、池田さんは就学援助を受けるために必要な申請書類を提出しそびれた。持ち物などはすべて準備したが、就学援助申請の書類に目を通すことができず、提出期限が過ぎた後に気づいたため、就学に係る費用はすべて自己負担となった。気づいたのちに、念のため、役所に掛け合ったが、期日後は受け付けてもらえなかったという。

調査者：その学校説明会のときに、小学校で必要なものとか用意するもの、いくつかあるかなと思うんですけど、どういうものをどんなふうに準備されたかって教えていただけますか。
池田さん：全て必要なものは準備したんですけど、それが役所から援助（就学援助のこと）が下りる、出るはずだったんですけど、もう忙しさとパニックが出ちゃうと、もう全然、書類とか目通せなくって、時期を逃して、終わった後に気づいて。で、結局なんか全部自分で（買いました）。

池田さんは自営業であり、決まった時間に決まった仕事がある形態ではなく、常に経済的困難を抱えている状態である。休んだ分は働く必要があり、以下のように、池田さんは仕事を取り戻すことを「鬼のようになっても う無我夢中で働いている状態」と表現した。

池田さん：一か月休んでしまうと、生活費が全く、一か月借金になってしまうんで、それを元に戻すのは倍、働かなきゃいけないんで、この先が本当、鬼のようになってもう無我夢中で働いてる状況になってしまって。（中略）だからもう書類とかなんて、もう正直、本当、なんか目が通ってないのとかもあったりして。

池田さん：なんかそれ違うっていう人の意見もあるんですけど、なんかよく分からなくて、結局、役所に行ってこうしてああしてやってるよりも、自分で働くほうを考えたらいいかなとか思って。結局なんかもらわず、なんかずっと進む感じで。（中略）なんか一人で考えてやってると抜けちゃってるんですよね。なんか、もらえる手当てをもらわないで、考えるよりもきょう目の前に、ここに仕事があるからって、こう、こっちの仕事を進んじゃってることが多くて。もう、もらえる、結局コロナも給付金もなんかあったんですよね。

池田さんは、周囲から池田さんの体調をふまえ生活保護の申請を検討することを勧められることがあったが、「考えるよりもきょう目の前に、ここに仕事があるから」と目の前の仕事を優先しており、結果的に必要な就学援助やコロナ給付金の手続きをしそびれていた。

次に、施設に居住している人の入学前の手続き・準備について、職員の語りから見ていこう。施設には就学準備をするのが困難な母親もいるが、職員は母親に対して「子どものためにやろう」という働きかけを行い、サポートをしている。母親が一人でその準備をしにくい背景には、母親が初めて子どもの入学を経験することや、母親自身が親にされなかったために、やり方を知らないことを職員は挙げる。

調査者：小学校に求められることが大変で、持ってく物とか提出物とか、もうパニックみたいなお母さんはそんなにいない（ですか?）、そうならないようにサポートされてる?
職員：あ、でもそういう方はいます、いるし。
調査者：ああ、いるんだ。
職員：子どものためにじゃあやろうねみたいな流れのそのサポートの仕方はすごいやってますかね。あとやり方がやっぱり分からない。その、初めての入学だったり、あと自分自身も親にそうされてこなかったとか、そういう経験から知らないとかそういう、うん。

さらに職員は、母親が必要とすれば、就学準備のための買い物に一緒に行くこともあると語った。外国籍の母親の例を挙げ、一緒に体操着を買いに行くこともあれば、引っ越しのための買い物に行ったこともあり、居住している人の状況を踏まえ、生活が成り立つのに必要な支援を個別に行っていることが分かる。(4)

調査者：（入学前の準備として保護者の方と）お買い物に一緒に行くってことはあるんですか。
職員：お買い物は、えーと、外国籍のお母さんで、その就学の準備とか分かんないってなったときには一緒に行ったりしました。

調査者：なんか体操着買いに行くとか、そういうことですか。

職員：あ、そうです。体操着とか、あとなんだ、引っ越し？　引っ越されちゃったんですけど、引っ越しの、そのリサイクルショップに一緒に行ったりとか。物をそろえるのに。

入学に必要な書類についても、記入の仕方が分からない母親がいれば、職員は一緒に座り、記入を促していく。職員が「一緒に書いたり、次はできるねって感じの流れに持っていったりとかしてますかね」というように、次は母親が一人でできるような流れを作っていることが読み取れる。職員は、母親に支援が必要かどうかを見極め、提出に間に合うようにフォローをしているのである。

調査者：何か例えばじゃあ、入学のときの書類とかの、あの提出とかはいかがですか。あの、何ていうかスムーズに（いくように支援されますか）。

職員：そうですね、それもやれる方はやってもらってますけど、ちょっと分からない方は一緒に（やります）。

調査者：一緒に、そうですよね。

職員：一緒に書いたり、次はできるねって感じの流れに持っていったりとかしてますかね、提出物関係とか。

職員がこのような支援ができる背景には、施設の中で学校の年間予定を把握していることが挙げられる。

調査者：そしたら年間の学校に関するそういう手続きとかスケジュールとかは、施設の中で把握されてるんですか。

職員：大体そうだと思います。あの、年間の予定表がうちも行事で作ってるので、それを就学時健診この辺だねとかは、（同施設の）学童の職員だったら分かってると思いますし。

前記のように、「就学時健診このへんだね」と事前に確認することができるということからも、母親がスケジュールを落とさないように、職員間で共通理解していることが読み取れる。職員の経験の積み重ねに加えて、常に先の予定を把握していることで、見通しをもちながら、生活に密着した支援をすることが可能となっている。

4．ひとり親世帯の保護者の相談相手について

ひとり親の中には、ママ友がおり、そこで相談ができたり情報が得られたりする人もいるが、池田さんは「ひとり親っていうのをあんまり、ちょっと打ち明けられない」と言う。池田さん自身、祖父母に育てられており、自身も「あそこはお父さんとかお母さんいないから」と言われた経験をもっている。この経験からも池田さん自身、周囲にひとり親であることを知られることを避けたいと考えており、池田さんの子どもからも「お父さんいないって言わないで」という要望があったという。

池田さん：ママ友とかも、何だろう。聞けば多分、気持ちよくお話ししてくれて協力してくれる方が多いと思うんですけど、なんかひとり親っていうのをあんまり、ちょっと打ち明けられなくて。でまあ、打ち明けてるお友達の方もいるんですけど、相談まではちょっと、できる関係はなく。子どもも、「お父さんいないって言わないで」って。もう普通でいたいらしくて。（中略）逆になんか、普通だったら言えたのかもしれな

いですけど、なんか、もしお父さん、なんか自分が、「あそこはお父さんとかお母さんいないから」って言われたことが、小学校のときの中でその思い出もあったんで、なるべくそういうふうにならないようにしたいなあ、とか思っちゃって。相談を全くしなかったですし、学校の先生と会う機会もないし。

もちろん周囲に家族構成を明かす必要はないが、池田さんの身近には相談相手がおらず、学校の先生とも会う機会がなく、孤立傾向にあることが読み取れる。先の就学援助など各種手続きは、申請主義であるため、池田さんが申し込まない限りはサービスを受けることができない。周囲が母子の状況を知っていれば、必要な情報が届きやすく、提出に間に合わせる可能性も高まるだろう。

一方、施設に居住していたひとり親は、日常的に職員に相談ができ、小学校に入学する際にも必要な準備や手続きのサポートを受けることができていた。

調査者：今はご家族で（施設の）外で暮らしてますけど、ここの施設を利用してよかったこととか、今も何かつながりがあることがあれば（教えてください）。

李さん：絶対いい。結構、いろいろあります。だって自分一人の力で、（中略）いいアドバイスとかいろいろが言ってくれまして。本当、感謝します、あれ。

調査者：困ったこととか、何かちょっと疲れて相談したりとか、なんかあったときには、あのー、どうされるというか。（中略）

山口さん：施設にいたときは、施設の方に相談してたんですけど。

例えば、李さんは、「(職員が) いいアドバイスとかいろいろ言ってくれた」という。また山口さんも施設にいたときは、「施設の方に相談していた」と語った。職員は自分の境遇を知っており、同じ建物にいて身近であるため、施設居住者は相談もしやすい環境にあると考えられる。この延長線上で、施設居住者は小学校に入学する際にも必要な準備や手続きのサポートを受けることができていた。

調査者：入学するっていうことで、あのー何ていうか、気になったところとか、施設の方になんか相談とかすることはありましたか。
山口さん：ああ、どうだったんだろう。入学する。多分、この施設の方もすごいいい人とか、配慮が行き届いてるので、あの鉛筆とかの学習用具をいただいたんですよね。

例えば、山口さんは、「施設の人はすごいいい人で配慮が行き届いており、鉛筆とかの学習用具ももらえた」と語った。このことから施設居住者と職員の関係が良好に築かれており、子どもに必要な物品の支給もあることがうかがえる。

5. ひとり親世帯の保護者の就労について

小学校入学にあたって、就労形態を検討したり変えたりする保護者は多いが、今回の対象者のうち、就学移行時に就労していたのは、山田さんと李さん、池田さん、石川さんの四名であった。全員、職場を変えているわけではないが、自営業の池田さんは、子どもの宿題をみたり話を聞いたりするために、夜中に仕事を回すようになったという。また石川さんは雇用形態を変えたわけではないが、上司の理解を得て、学童のお迎え時間に間に合うように早く帰宅するようになった。山下さんは無職、山口さんは求職活動中、橋本さんは病気療養中のため休職中であった。なお、山田さんと池田さん、橋本さんは出産時に仕事はしていなかったが、出産後、子どもが○才のうちに働き始め、保育園に預けるようになった。一貫して就労している石川さんは、子どもが三歳の時に実家に戻り、祖父母の援助を受けながら、生活をするようになった。勤務地まで約一時間ほどかけて電車通勤をしているため、どうしても学童のお迎えに間に合わない場合には、祖父に迎えに行ってもらったり、学童に延長料金を支払ったりしているという。

石川さんは、現在の生活について「実家があったから良かったなって感じ」だという。このことからも、祖父母が食事を作ってくれたり、学童のお迎えをしてくれたりすることによって、石川さんの生活が成り立っていることが読み取れる。また学童の延長も利用していた。

石川さん：実家があったから良かったなって感じです。
調査者：今、実家暮らしですか。
石川さん：実家なんですけど、二世帯みたいな感じで、世帯は別で、ちゃんと家賃みたいな感じの納めてます。
（中略）食事とかも全部込みでやってくれてるんで。
調査者：そしたら子育てに、保育園送り迎えとか、突発的になんかあったときとか、お父さま、お母さまが行かれることもあるんですか。

石川さん：たまにあって。でも、いま学童は本当にもう、すぐお願いすることが多くて。

一方、施設に居住している山田さんも、子どもが就学する前から忙しく働いており、その生活を「ほとんど外にいた感じ」と表現していた。

山田さん：（就学前の生活について）ほとんど外にいた感じですよね。（家に）寝に帰ってたような。子どももそうですし、私ももう、朝も下手したらもう自転車の上でごはん食べて、出てって。

（中略）

調査者：その辺り（入学後の出勤時間のこと）は、どうやって調整されたんですか。

山田さん：えっと、それは、あの、私が今もそうなんですけど、早く出てくときは、こちらの（施設の）朝の保育お願いして。

山田さんも子どもの就学後も同じ仕事を継続しているが、それを可能としたのは、施設で朝、子どもを預かってくれたためである。朝、子どもより早く家を出なければならない山田さんは、夜勤明けの職員に子どもの保育をお願いし、出勤をしている。

このように、保護者は朝や放課後に子どもの面倒を見てくれる人がいる場合、同じ就労形態を継続できるが、そうでない場合には、就業時間や仕事先を変える必要も生じる。

6．保育園と小学校の違いについて

今回の調査でも、保護者からは異口同音に、保育園と小学校の違いについて語られ、その多くは、先生の様子や、先生との距離感や関係性、宿題に関するものであった。

調査者：保育園と小学校って、その、どんなところに一番違いを感じるかなっていうのが。
山田さん：うーん。まあ学校、小学校はもう完全にお勉強じゃないですか。そういう部分で違うのかなっていうのと。

山田さん：うーん。何だろう。やっぱ、先生たちの見方が違うのかなって。やっぱ保育の先生って、子どもがこうね、成長とか発達とか見てくれるけど、小学校の先生っていうのは、どっちか、成長ももちろん見てくれるんですけど、けど、やっぱり学力とか、そっちのほうが優先なのかなみたいな。

石川さん：(保育園は) くみ取ってくれてる感じですよね。私のところとかも。だから、甘えちゃってて申し訳なかったんですけど、すごい心身ともに、いろいろ支えてもらえたなあっていうのはありますね。小学校はどちらかというと、入り込めないっていうこともあるので、ちゃんと、ぴっと線引きはあるような感じがするんで。

山田さんは、「小学校はもう完全にお勉強」と語り、「成長とか発達」がメインだった保育園との違いを感じている。石川さんも、「小学校はどちらかというと、入り込めないっていうこともあるので、ちゃんとぴっと線引きがあるような感じがする」と保育園との性格の違いを語った。保護者は学校との距離を感じており、学校の先生は子どもの学力を優先にみている、という印象をもっている。

学校によっては、授業参観など保護者が学校に来られる機会を設けているところも少なくない。このことを好意的に捉え、積極的に学校を訪問する保護者がいる一方で、その機会をプレッシャーに感じる母親もいる。

石川さん：それがなんか、母親力を見せられてたら、嫌だなっていうのありますよね。ちょっとそこはプレッシャーになります。

調査者：嫌ですね。

石川さん：先生から、全然あそこのお宅、授業参観来ないじゃんっていうのがあると、子どもも寂しい思いをさせるし、私もちょっとプレッシャーになるんですけど、そこの折り合いっていうのを、前もってちょっと付けて、できればいいんですけど。つい予定が決まっちゃってる中で、「あ、授業参観か」っていうのがあると。

このように、石川さんは授業参観に行くか行かないかによって、「母親力」が見られていたら嫌だ、プレッシャーだと語った。小学校の先生から、「全然あそこのお宅、授業参観来ないじゃん」と思われている可能性を危惧しているのである。授業参観の予定が事前に分かっており、仕事の調整がついていれば問題はないが、仕事の予定が入っている中で「授業参観」の日程が知らされるのがストレスであるように読み取れる。

以上のように、子どもが保育園から小学校に入学すると、保護者は先生との距離感や、学習重視の生活に違いを感じ、小学校からの要請に合わせられないことにプレッシャーを感じる母親がいることが分かった。

それでは、施設に居住する母親に対しては、どのような支援を職員は行っているのだろうか。例えば、保育園よりも小学校は通学時間が固定されており、場合によっては通学班が決められている。子どもが間に合うよう、朝、職員は子どもが学校に行けているかどうかを気にしており、子どもが学校を出る時間になっても、玄関を通過しない場合には、職員がインターホンを鳴らし、「どうしました？」とか「送っていこうか？」など声をかけるという。

職員：なんか窓口がそこにあるので、インターホン入れたりするんですよ、朝。「大丈夫？」とか言って。
調査者：あ、部屋の？
職員：送って行こうかとか言うときもあるし。
調査者：え、それどうやって分かるんですか。ここ（玄関）通ったかな（を見るのですか）？
職員：あ、そうです、通過してとか。様子を見て、あ、まだ動いてないねって言ったら、八時ぐらいにはもう登校しなきゃいけないので、八時にインターホン入れて、「どうしました？」って。「あ、私送ってくので大丈夫です」とかっていうお母さん（もいるけど）、一応確認はします。（中略）「体調大丈夫？」とか言いながら様子を聞くっていう作業はするので。あんまり入れられると管理されてるって思っちゃうのもあるじゃないですか、なのでそこら辺は（気を付けながら）。

こうした支援が可能となるのは、施設の玄関近くに職員室があり、職員室と母子の居住空間がインターホンでつながっているためである。母子の居住スペースはプライバシーが守られた空間であるものの、職員は日常的に母子の様子を把握することができるため、母親に対して登校支援を行うことができているのである。あまり頻繁だと母親に「管理されている」と思われてしまうため、そうならないように気を付けながら、さりげなく朝の登校支援を行っている。子どもの家庭での学習習慣についても職員は気にしており、保護者の手が回りきらない場合にはサポートに入る。これはつまり、保育園と小学校とのギャップを埋める支援と呼べるものだろう。

職員：学習習慣を家の中でつけられないようなお母さんもやっぱりいるので、少し、こう知的にとか、あとお母さん自身が学校ちょっと不登校気味だったケースとかもあるとは思うんですよね、とか、あと外国籍の方とか。

調査者：そうですよね。

職員：そういう方もいるし、まあそこら辺は、まあそこがどうサポートしたら、こう、本人たちがやれてくかってところは一緒に考える作業をしているとこはありますかね、うん。

このように、母親自身が不登校気味だったり、外国籍の方の場合には、家の中で学習習慣をつけるのが困難であるため、職員は、「どうサポートしたら、母子がやれていくか」というところを一緒に考えて、支援をしているという。場合によっては、母親が感じる困難やギャップを埋めるため、職員が母親と子どもの間に入ったり、あるいは、母親と学校とをつなぐ役割を担うこともある。

職員：できないお母さんもやっぱりいるとは思うので、そこをあんまり責めちゃいけないと思うし、その、やり方が分からない方もいらっしゃると思うので。あと、子どもとの関係性で、あの子のなんて見たくないわとか、分かんないですけどそういう場合もあるので、そこに誰か職員がつくことで少し変われる部分とか、この子こんなこともできるよとか、そういうなんですかね、（中略）学校で聞きづらいことはじゃあ私たちが聞こうかって言ったり、まあ面談に同行することもあるので、学校の。

調査者：二者面談とかですか。

職員：あ、そうですね。お母さんの希望があれば一緒に。なんか子どもがいじめられちゃったから言いづらいんだみたいな話から、なんか一緒に行ってくれないっていうあれ（希望）で一緒に行ったこともあるし、あと外国籍の方だとね、やっぱり（会話のやりとりが）難しいので、一緒に同行したりとか、うん。

先ほどと同様に、子どもの学校生活を支えることができずに、やり方が分からない母親もいることをふまえた支援を職員は行っている。また「あの子のなんて見たくない」というように子どもとの関係性に困難がある場合には、子どものできることや状態を職員が母親に伝えることで、母親の関与を促している。母親が直接学校に聞きづらいことがある場合には、職員も学校で行われる面談に同行することもあると語られた。日本語が難しい外国籍の方についても、保護者をサポートするために同行することがあるという。もちろん職員はそもそも母親の支援も行っているため、母親の成育歴や学校歴についても把握している。母親に中退やいじめられた経験があったり、友人関係がうまくつくれないといった課題があることをふまえ、母親と関わり、子どものためのサポート体制をつくることを意識している。

職員：結構中退、高校中退しちゃったとか、何だろう。いじめに遭ったとかそれで不登校になったとか、そういう方は多いので、そうすると（学校に）いいイメージはね、持てなかったりとか友達関係がうまくできないとか。そういう対人関係、課題は持ってらっしゃる方。それで心療内科につながる方も多いので。

職員：あとまあ親から虐待されてて学校行けなかったとかそういう、学校に行く習慣が持てなかったとか、そういう方もいるし。

このように、子ども時代に母親自身が虐待されており、学校に行けなかったり学校に行く習慣がなかったりしたという深刻なケースもある。あるいは、母親自身が「学校に対していいイメージがなく、学校をまあ休んでもいいのかな」という感覚をもっていることもある。その場合、職員は子どもに対して、「宿題を一緒に少しずつやってみよう」と働きかけたり、学校に行かなかった日に施設の学童を日中開けて、宿題を見たり、次の日の学校の準備を少ししてみるという体制をつくったこともあったという。

職員：お母さん自身もそんなに学校に対しての、こう、イメージがいいものもなく、自身の経験から。だから（学校を）休んでもまあいいのかなっていうような。その、すごい拒否感ではないんですけど、まあそれはそれでいいのかなっていうのもあって、あんまりこう行かせようっていう感覚の方ではなかったので、学童の職員が関わってそれは、あの、宿題をじゃあ一緒に少しずつやってみようかとか、学校に行かないときに学童を少し開けて一緒に宿題見たり、次の日の準備を少ししてみるっていう体制を作ったときもありましたね。

このように、母親自身が学校生活を想像しづらかったり、学校に対してあまり積極的な姿勢ではなかったりするケースもある。こうした場合には母親が子どもの学校生活を支えることが十分にできない場合（やする必要があるとは思わない場合）もあるだろう。子どもが学校になじみ、学校生活を無事に送れるよう、職員は母親と子どもを同時に支援しているのである。

施設では母親担当と、子ども担当の職員がおり、それぞれ情報共有と連携をしながら、支援にあたる。その中で直接的な支援を、施設の内外でおこなっている。職員は母親に管理されていると捉えられないように、さりげない言葉がけで母親を支援するが、子どもから母親の気になる言動がつぶやかれたときには、母親担当の職員が面談し、母親側のフォローをする。

職員：なんか「体調悪かったですか」とか、分かんないですけど、そういう聞き方をするとか、まあいろいろあるとは思うんですけど。あと子どもがお母さんが見てくれないって結構深刻そうに言ってたら、ちょっと子どもの担当職員が、「なんかそう言ってましたけど大丈夫ですか」って、ちょっと深刻に言うけど、そのお母さん担当の職員も付きながら、お母さんと面談して、「そうか、大変だったんだね」ってお母さんのフォロー入れるとかそういう。

職員は、どちらかを一方的に責めることなく、母親に対して「体調悪かったですか」と気遣ったり、「子ども側がなんかそう言ってたけど大丈夫ですか」とたずねたりしながら、母子のどちらかを責めるのではなく、親子関係のバランスを保ち、通訳をする役割を職員は担っていることが読み取れる。

7．考察――就学時のサポートとして必要な視点とは何か

ここまでの分析によれば、子どもの就学に向けて、施設居住ではないひとり親は家事と育児、自身の体調管理をしながら、就学準備の対応に迫られていた。日々の仕事が忙しいために、たまたま就学時に求められるイレギュラーな申請手続きを落としてしまうこともあった。日々の仕事はただちに金銭面に関わることから、イレギュラーな申請手続きより優先されていたが、結果的に経済的余裕を損なうこととなっていた。

対象者によっては、祖父母など周囲の支援で何とか生活を回したり、手続きをこなしたりすることもできていたが、相談相手がいない対象者もいた。身近に相談相手がいない背景には、「普通でいたい」という母子の思いがあった。ただ単に孤立しているというより、彼女はひとり親と知られることを危惧しており、それは子どもの要望でもあるために、周囲への開示が難しく、必要な支援からさらに遠のく可能性が示唆された。

こうした大変さは、ふたり親の経験する、小学校移行時の大変さとは質が異なることが浮かび上がった。ふたり親の場合にも、夫婦以外に周囲の支援がなく、準備する物の多さや、就労形態、学童の選択などが困難としてあり、家族で綱渡りのような生活をする大変さが語られた（酒井ほか 2020）(5)。しかし、今回の対象者から語られた困難は限定的であり、とくに民間学童の選択などは話題にも上らなかった。

おそらく、ふたり親の場合には、ひとり親よりも選択肢が多いがゆえに悩む大変さがあると考えられる。つまり、経済的に余裕のあるふたり親は、公立学童も申し込めるが、それよりも金銭的な負担はかかるものの、開室時間が長くサービスの手厚い民間学童も選択可能であるため、そのどちらにするか検討し選択するという作業が増える。あるいは、夫婦どちらかの負担が偏っている場合、その負担を引き受けている保護者は、相対的な大変

さをより感じているのかもしれない。つまり、ふたり親世帯の保護者が感じる大変さとは、数多ある選択肢から選択する大変さ、保護者同士の調整のためのやりとりの大変さ、保護者間の大変さの偏りから生じる相対的な感じ方の違いがあると考えられる。

一方、施設に居住していないひとり親世帯の保護者や、ふたり親世帯の保護者とは対照的に、小学校への移行時、施設に居住していた母親から、入学に向けての準備や手続きが大変だったという語りはほとんど聞かれなかった。これは想定外でもあったが、インタビューをして分析をしてみると、施設の職員がこれまでの経験や年間行事から、見通しをもって母親と子供を支援しており、準備物や提出物にも気を配っているためだと合点がいく。母親が感じる保育園と小学校とのギャップ、例えば、登校時間を守ることや、学習習慣をつけることなどにもフォローがされており、それは将来的に、母親や子ども自身でできるようになるためのステップとして支援が行われていた。必要に応じて、職員が学校に出向くこともあり、母親と教師との関係をつなぐ役割も果たしていた。職員はさまざまな場面で子どもの学校生活のために保護者を支援していたのである。職員は母親の支援もしつつ、子どもの支援も行うが、たとえて言うなら、母子が初めて行う、綱渡りを一緒にしてくれているというイメージをもつことができる。

おそらく保護者の感じる困難さには、子どもの学年特有のものであり、学年進行とともにいっけん「解消」されたようにみえ、問題を抱える当事者が年々入れ替わるものと、困難さが雪だるま式に大きくなっていくものとがあると考えられる。たとえば入学準備は、一年生の保護者であれば誰もが経験するが、そのときに必要な持ち物や書類は、その時になってみないと分からない。短期間で準備をして、小学校入学に備えるため、大変な時期はあるはずだが、この大変さを次年度も同じ内容で経験するわけではない。つまり、小学校二年生になれば二年生なりの、三年生になれば三年生なりの新たな悩みや大変さが出てくるため、入学当時と同じ大変さが継続するわけではなく、当事者は入れ替わる。

一方、宿題などの学習習慣が定着しない、学校に行きたがらないなどは、学年が変われば解消されるとは限らないため、困難が継続し、蓄積される可能性がある。ただし、いずれの場合にも、その都度、対応することが子どもと保護者に求められ、当事者が先を見通すのが容易であるとは限らない。本章では、そうした保護者の抱えうる困難を回避、あるいは軽減できるように、水先案内人のような役割を果たしていたのが施設職員の働きであることが浮かび上がった。

須崎（2019）は、「子の立場から見た必要なこと」と「母親の今の状態でできること」が大きく食い違う場面として、例えば朝、子どもを学校に送り出す場面を挙げ、母子生活支援施設の職員には「家庭において不足する養育機能を補うと同時に、親子関係を破たんさせないようにするための支援」が求められるという。本章に照らして考えれば、「子の立場から見た必要なこと」とはつまり「学校から求められること」と重なる。職員は、まさに養育機能を補いながら、親子関係を破たんさせないようなバランスを保ちつつ、学校の年間予定や母親の変化、また今後の困難を見通した支援をしており、保護者の学校適応をも促していた。

こうした職員の支援は、母子生活支援施設で行われているものであり、専門的な支援であるが、こうした支援があれば、社会経済的な困難を重層的に抱えている母親であっても、小学校への移行をそれほど困難を感じずに経験できることが明らかとなった。こうした支援のあり方は、今後の一般的な保護者支援を考える上でも参考となる部分があると考えられる。

注

（1）母子生活支援施設とは、児童福祉法第三八条に基づき、「配偶者のない女子又はこれに準ずる事情にある女子及びその者の監護すべき児童を入所させて、これらの者を保護するとともに、これらの者の自立の促進のためにその生活を支援し、あわせて退所した者について相談その他の援助を行うことを目的とする施設」である。入居は母子が一緒でなければならず、各市区役所の福祉事務所に相談の上、入居が決定される。利用料は世帯の収入により異なり、生活保護世帯であれば費用はかからない。

（2）調査対象者と施設の匿名性を高めるため、このような表記にしている。

（3）施設居住経験者からは総じて「困ったことはなかった」「（施設には）感謝している」という語りがあったことについては、実施場所や実施形態により対象者が施設のことを意識してポジティブに語った可能性は考えられる。また今回は職員から紹介された対象者にインタビュー調査を実施しているため、職員と良好な関係の対象者のみが選出された可能性は高い。ただし施設居住経験者と職員が語った小学校への移行時のサポート内容は相違なく、本章の目的を達するには支障がないと判断した。

（4）ここでは外国籍の母親の例が挙げられたが、就学準備や何かやり方を知らないことがあった場合、外国籍の母親に限らず、職員は一人一人に合ったサポートを行っている。

（5）なお、神原（2014）は、ひとり親世帯の母親や父親を表すのに、子どもからみた呼び名ではなく、「『親』という地位を担う個人を中心とした呼び方が必要であろうと考え」、子づれシングルという表現を使用している。多くの子づれシングルが、「就労と子育てとを一手に引き受けて、綱渡りのような生活を営んでいる」ことを訴え、その中で子どもたちがどのような生活をしているのか、親への思いを抱えているのかをインタビュー調査から描き出している。本章においても、そうした問題意識を引き継ぎ、保護者のギリギリのやりくりを「綱渡り」と表現するものである。

六章　特別支援学級に就学した子どもを持つ保護者

1．はじめに

四章、五章では、就労している保護者やひとり親世帯の保護者が、子どもの就学をめぐりどのような困難・心配ごとを経験しているかを見てきた。そして、それらの分析を通じて、「小一の壁」で指摘されている問題以外にも、こうした状況にある保護者は様々な困難に直面していることが明らかになった。また、ひとり親世帯の保護者にとって、母子生活支援施設職員による支援が、就学時の負担や不安を相当程度軽減していることも見出した。

しかし、子どもの就学時の保護者の心配や不安の大きさは、保護者の就労状況や配偶者の有無など、保護者自身の置かれた状況だけではなく、子ども自身の発達の状態や特性によっても左右される。小一の壁では、就労に関わる保護者の困難が取り上げられるが、保護者は子ども自身のことで大いに心配し、思い悩む。

とりわけ子どもに何らかの障害があるとされた場合、保護者の心配や不安はよりいっそう募ることだろう。日本では子どもの障害の程度などに応じて、保護者は特別支援学校、小学校の特別支援学級、通常の学級の三つのいずれかに子どもを就学させることとなる。このうち義務教育段階では、近年、特別支援学級に在籍する子どもが急増している。こうした状況を踏まえ、本章では、子どもが小学校の特別支援学級に就学した家庭の保護者を取り上げ、彼らの就学に係る経験とそこでの困難を見ていく。

2. 特別支援学級を就学先に選ぶ世帯の増加

二〇〇七年度、特殊教育から特別支援教育に制度改正が行われ、障害のある児童生徒の指導においては、通常の学級も含めた教育活動全体での適切な推進が図られる必要性が説かれた。また、日本は二〇一四年に国連の障害者の権利に関する条約を批准した。批准にあたり、文部科学省は、共生社会の形成に向けて、同条約に基づくインクルーシブ教育システムの理念が重要だとした。

しかし、特別支援教育に変わってからも、特別支援学校や特別支援学級に在籍する児童生徒は増え続けている。中でも特別支援学級の在籍者の増加が著しい。表6-1は二〇〇七年度と二〇二三年度の特別支援学級在籍者数を比較したものである。いずれの学校段階でも大幅な増加が見られるが、この間の児童生徒数全体の減少を考慮して、当該年度の中で特別支援学級に在籍する児童生徒の割合を計算してみると、増加幅はさらに際立ってくる。小学校では二〇〇七年度から二〇二三年度までの十六年間で約四倍、中

表 6-1　特別支援学級に在籍する児童生徒数と割合

	小学校	中学校	義務教育学校
2007 年度	78,856 人（1.1%）	34,521 人（1.0%）	―
2023 年度	263,081 人（4.3%）	105,766 人（3.3%）	3,948 人（5.2%）

＊各年度の学校基本調査の結果に基づき作成。（　）内の％は、当該年度の児童生徒数を母数として特別支援学級在籍者数の割合を示したもの。なお、義務教育学校は 2016 年度に制度化されたため、2007 年度は空欄となっている。

学校では三倍以上増えた。

ただし、特別支援学級に在籍する児童の中には、就学時は通常学級に在籍し、いずれかの時点で特別支援学級に転籍した者も多い。たとえば、二〇一八年に就学した一年生の児童のうち特別支援学級に在籍していたのは二万七五四一名であったが、学年進行により在籍児童数は増え続け、彼らが六年生になった時の在籍者数は四万五四八六人であった(1)。一年生から六年生になるまでに約一万八〇〇〇人増えているが、その多くは転籍によるものと思われる。

しかし、見方を変えると、増員分よりも、一年生から特別支援学級に在籍していた児童の方が多い。相当数の児童が就学時から特別支援学級に在籍しているのである。そして、特別支援学級全体の児童生徒数の増加と並行して、小学一年生の在籍児童数も年々増えている。

なお、障害のある子どもの就学先の決定は、二〇一三年九月の学校教育法施行令の改正によって、子ども一人一人の教育的ニーズ、学校や地域の状況、保護者や専門家の意見等を総合的に勘案して個別に判断・決定する仕組みに改められた。保護者は就学相談を受けて、自分の子どもに最もふさわしい就学先を考えていく。相談に当たっては、子ども本人と保護者の意向が可能な限り尊重されることとされている。現行の就学手続きにおいても、就学時健診において障害の程度の判定がなされ、就学先の最終的な決定は市町村の教育委員会が行うが、保護者と合意形成を図ることが求められている(2)。

このように、現行の制度では、保護者の意向が非常に重要な意味を持つようになっている。そうした中で、障害のある子どもを持つ保護者は、どのような思いで子どもの就学を迎えているだろうか。彼らは学校のことをどのように捉えているだろうか。彼らには、「小一の壁」やその他の就学時の困難は存在するのだろうか。また、特別支援学級や特別支援学校に就学すると、その後の進路が制限されがちなことも知られている（酒井・谷川

2019）が、保護者はこのことをどのように見ているだろうか。以上の問題関心に基づいて、本章では、小学校の特別支援学級に子どもを就学させた保護者が、就学の過程をどのようなものとして経験してきたのかを明らかにする。

3．先行研究

特別支援学級や特別支援学校への就学については、特別支援教育や障害のある子どもの心理発達に関心を持つ研究者や幼児教育研究者によりもっぱら研究がなされてきた。それらのうち保護者に焦点を当てたものでは、彼らに対する支援の効果を検証しようとする研究（吉利ほか 2009、子吉 2010、荻野・前川 2023）や、教師らとの意識のずれ（佐藤 2013、坂井ほか 2021）を解明しようとしたものがある。しかし、子どもの就学に伴う保護者および家族の生活に焦点を当てたものは少ない。

その中で、西原ほか（2014）は、特別支援学校に通う重症心身障害児の母親一〇名を対象とした面接調査を実施している。彼らは、子どもの就学に伴い「母親の生活行動は子どもの健康状態の安定による学校生活への順応によって拡大し、さらに将来の親子の自律や家族としての生活に向けた準備へとつながる（一〇一頁）」と指摘した。また、西原・山口（2016）は、障害児が就学することで母親には生活の時間のゆとりができ、家族成員はそれぞれの日課に合わせて生活リズムを確保できるようになって、母親は障害児に必要な世話やケアを行うようになったことを見出した。

西原ほかの研究は障害のある子どもを持つ保護者の生活の変化を描こうとする点で、本稿の関心と通じる点が多い。ただし、これらの研究では、保護者が生活や時間をどのように捉えているのかの吟味はほとんどなされていない。時間については物理的な時間の経過として、子どもの就学により母親に時間のゆとりができたことが指摘されている。また、生活についても、実態としての生活行動のパターンや人間関係に焦点が当てられている。

これに対し、渡邊（2016）は自閉症児の母親へのインタビューに基づいて、子どもの就学をめぐる母親の葛藤に着目している。同論文で対象となったのは、特別支援学校に子どもが就学した母親二名と小学校に就学した三名であり、彼らが、普通学校／特別支援学校のいずれに就学するかの判断を下した際に抱えた葛藤について分析がなされている。

渡邊は就学の過程を当人の主観的視点に即して明らかにする研究はほとんどなされていないと批判し、母親自身の語りに基づいて、その経験を丹念に読み解く必要性を指摘した。そして、分析の結果、母親たちは就学前に取り組んできた「学校生活のイメージ形成」と「普通学校の秩序への適応可能性の評価」を手がかりとして、自分の子どもが普通学校で生活することについて「希望的観測」に至った母親は普通学校への入学を、「悲観的観測」に至った母親は特別支援学校への入学を選択していくことを見出した。

就学において学校選択の判断をするのが保護者であり、彼らが子どもの就学についてどのように考えたのかを解明することの必要性を訴えている点は、本研究と問題意識を共有している。ただし、渡邊の研究は普通学校／特別支援学校に選択肢を二分して、そのいずれを選択するかを論じているが、実際に現在急増しているのは同論文でいう「普通学校」の特別支援学級であり、選択肢は三つに分かれている。保護者は通常学級か特別支援学級か、あるいは特別支援学級か特別支援学校かで迷うこととなるが、この点への目配りが弱い。また、渡邊は就学に至るまでの保護者の経験を丹念に読み解く必要性を指摘しているが、そこでの焦点は学校選択に置かれているために、それ以外の側面も含めて障害のある子どもを持つ保護者の経験を全体的（ホリスティック）に描くことが難しくなっている。

以上を踏まえて本章では、小学校の特別支援学級に子どもを就学させた保護者を対象にして、彼らが子どもの就学をどのように経験したのかを彼ら自身の視点から解明する。特別支援学級に就学させた保護者は、通常学級に行かせるか特別支援学級に行かせるか、または特別支援学校か特別支援学級かの選択を迫られる。本章では、こうした選択の局面を経て特別支援学級に子どもを就学させた保護者に焦点を当てた。

具体的には、子どもの就学に至るまでの保護者の意識や生活と就学そのものに関する保護者の捉え方を読み解いていく。なお、先に述べたように、小学校に就学した子どもの中には就学時は通常学級に在籍し、途中で特別支援学級に転籍してくる児童も多い。こうした子どもの場合、就学後に特別支援学級の方が適切だとの考えを学校や保護者が抱くようになり、協議を経て転籍するということもある。そのような子どもの場合は、子どもの障害に対する保護者の理解や学校の対応が時期により変化し、複雑な過程を取ることも予想される(3)。こうしたことから、この点についての分析は別稿にゆずり、本章では、就学時に特別支援学級を選んだ保護者のみを取り上げる。

4. 分析視点としての「生活世界の分化」

障害のある子どもを持つ保護者が子どもの就学についてどのような経験をしているのかを理解するために、本章では生活世界論に着目した。シュッツ&ルックマン(2015)によれば、「自然的態度のうちにいる十分に目覚めた通常の成人が端的な所与として見出す現実(七七頁)」は、日常生活世界と命名される。彼らによれば、日常生活世界は「われわれにとって疑いのない所与(一〇一頁)」として我々に迫ってくる。子どもの就学はシュッツらの言う生活史的分節化の一つであり、自明の現実として保護者に迫ってくる。

四章では、就労している保護者を対象とした調査結果を分析する際に、時間管理と人間関係をめぐって対象者が経験した困難に着目したが、本章で対象とする保護者の経験を適切に理解するためには、こうした経験の対象となる具体的事象だけでなく、そもそも彼らの日常生活世界はどのようなものなのかを把握する必要がある。

こうした問題関心に照らした場合、参考になるのは障害者家族に関する土屋（2002）や中根（2006）の研究成果である。彼らは障害のある子どもを持つ保護者の視点に立ち、生活世界論に基づいて彼らに特徴的な経験のあり様を分析した。たとえば土屋は、障害のある子どもを持つ母親を対象に調査を行い、外部から期待される「訓練を施す母親」「介助する母親」という役割期待を当該の母親自身が引き受けて、「障害者の母親」というリアリティを構成していることを描き出した。また、中根は知的障害者の母親に対するインタビュー調査に基づいて、障害者家族の親になっていくプロセスと、知的障害者の親の社会の中での役割を発見し自覚する中で、子どもとの距離をとっていくプロセスを描いた。これらの先行研究を参考にして、本章では生活世界論に基づいて、特別支援学級に子どもを就学させた保護者の経験を読み解くことにする。

なお、障害のある子どもの保護者は、子どもの出生後のいずれかの段階で子どもに障害があることを疑い、それを受け容れて、障害のある子どもを養育する保護者として考え行動するようになるものと予想される。こうした経験は障害のある子どもを持たない保護者には持ちえないことも多く、そうした特徴的な経験の積み重ねの中で、障害のある子どもを持つ保護者の生活世界が構成されるようになる。江原（1995）は、このように特定の人だけの生活世界が構成されることを、生活世界の分化と呼んでいる。江原は、「日常的な知識のストックから特定の項目に関する知識が自立化し、（中略）領域的に分化し、それぞれが提供する世界像が異なってくること」、及び「そのように分化された知識による世界像が、社会の成員の中の特定の範囲の人々にだけ分け持たれていくこと（六三頁）」という二つの過程を経て、生活世界の分化・多元化が生じると指摘した。

人々はこの分化された生活世界で共有された知識＝言説に基づいて、自分の経験をナラティブとして紡いでいく。そして、その分化した生活世界の中で、彼らは悩みや困難を経験する。就学は自明の現実として人々に迫ってくるが、それを受け止める人々の構えは、各人の経験の歴史、すなわち「私の経験の継起と沈殿（シュッツ・ルックマン 2015: 140）」により多様なものになると予想される。

本章では、こうした分析視点に基づいて、障害のある子どもを持つ保護者がどのような生活世界を生きることとなっているのか、その中で彼らは、時間や人間関係やその他の事象をどのように捉えていくのか、そしてその事象の一つとして、子どもの特別支援学級への就学を彼らはどのように捉えているのかを、障害のある子どもを持つ保護者を対象にしたインタビュー調査により明らかにする。さらに、そこから得られた知見をこれまでの各章の分析結果と対照させて考察を進める。

5. 調査対象と方法

調査対象者は、首都圏の公立小学校にある特別支援学級に就学時から子どもを通わせている母親七名である。対象者は、それぞれの子どもが通っている特別支援学級の教員の紹介で調査を依頼した。調査時点の子どもの学年は、小学校一年生から六年生までである（表6－2）。名前はすべて仮名である。

七名のうち五名の保護者は、子どもの就学後は仕事をしていなかった。また、松本さんは一〇時から十六時までパートの仕事をしていた。吉田さんはフルタイムで仕事していたが、七時間勤務で切り上げていた。就学前に子どもが通っていた施設は幼稚園、保育園どちらもあった。また一人の子どもは療育センターに週五日通っていた。就学先はいずれも公立小学校である。このうち、木村さん、山本さん、松本さん、小林さん、阿部さんの子

表6-2　インタビュー対象者(4)

名前（仮名）	インタビューで対象となった子どもの学年と性別	母親の就労状況	就学前	就学先
高橋さん	小１女子	仕事はしていない	幼稚園	Ａ公立小学校
吉田さん	小４男子	就労（フルタイム）	保育園	Ｂ公立小学校
木村さん	小４男子、小２男子	仕事はしていない	幼稚園	Ｃ公立小学校
山本さん	小４男子	仕事はしていない	療育センター	Ｃ公立小学校
松本さん	小６男子	就労（パート）	保育園	Ｃ公立小学校
小林さん	小２男子	仕事はしていない	幼稚園	Ｃ公立小学校
阿部さん	小３女子	仕事はしていない	幼稚園	Ｃ公立小学校

どもは同じ小学校の特別支援学級に通っていた。高橋さん、吉田さんの子どもは、それぞれ別の小学校に通っていた。

インタビュー調査は二〇二一年一〇月から二〇二三年三月にかけて個別に実施した。高橋さんは在籍するＡ小学校において、その他の六名は地元の地域センターなどの小学校以外の場所で話を伺った。インタビュー内容は、子どもの就学までの流れ、家族構成、保護者の就労、祖父母の支援、就学時の子どもと保護者の生活の変化、学校から言われて就学までに準備したもの、就学時の心配、就学前に通っていた施設と小学校の違い、小学校への要望などである。

調査の実施にあたっては、初めに調査対象者に研究目的や研究倫理上の説明を行い、協力承諾書を書面で受け取った。インタビューはすべて録音し、トランスクリプトを作成した。分析においては上記の通り、生活世界論を理論枠組みとし、江原の「生活世界の分化」の視点に立って、メリアム（2004）の「一般的な質的方法」に沿って進めた。これは質的方法のごく基本的な分析手法で、データの切片化、コーディング、カテゴリー生成の手順を踏んで、現象を理解するためのコア・カテゴリーの抽出とストーリーラインの記述を進めていく。

以下では前記の手法により、分析から得られたコア・カテゴリーを示しながら、対象となった保護者がどのような生活世界に立って、就学についてどのようなナラティブを紡いているのか、彼らは時間や人間関係をどのように見ているのか、それは通常の学級に就学した子どもの保護者とどのように違うのかを中心に見ていく。

6．就学に関する長い語り

四章や五章で指摘したように、共働き世帯や就労するひとり親家庭の保護者の調査では、就労の時間と就学の時間の調整が非常に難しく、大きな困難として保護者に経験されていた。これに対して、本章で対象となった保護者は、就労していない者や短時間での勤務で働いている者が多く、学童に通わせているのは吉田さんの世帯と松本さんの二世帯だけであった(5)。吉田さんは仕事を早めに切り上げて五時半にはお迎えに行っていた。松本さんは通勤に二時間近くかかり、四時まで仕事をして五時四五分に学童に迎えに行くという生活を送っていた。

しかし、この二世帯の保護者はインタビューにおいて、いずれも就学時の時間調整の問題をほとんど話題にしなかった。障害のある子どもをもつこれらの保護者は、就労していても、世間で一般的に言われている「小一の壁」の問題にあまり関心を示さなかったのである。なお、その他の五名の保護者からも、日々の生活時間に関する困難の指摘は無かった。

また、我々は、四章で報告した就労する保護者の調査を踏まえ、本章の調査の対象者にも、就学前に子どもが通っていた施設（園）と就学するまでの流れ、どのようにして今通っている小学校の特別支援学級への入学が決まったかを尋ねた。そうしたところ、障害のある子どもを持つ保護者は、出生したばかりの頃の子どもの様子、一歳半健診、療育への通所、保育園や幼稚園選びなど、小学校への就学よりもずっと前の出来事から順に語ってくれることが多かった。

このことから浮かび上がったのは、彼らが強い関心を持っていたのは、一日の生活時間をどうするかということでも、就学前から就学後の数か月ということでもなく、もっとずっと長いスパンの時間だったことである。

このことに最初に気づかされたのは、我々が就学前に通っていた園の様子やどのような就学の手続きを経て今の小学校に決まったのかを教えてほしいという質問を高橋さんに尋ねた時であった。四章で紹介した、就労している保護者へのインタビューでこのことを尋ねた際は、就学のすぐ前の保育園や幼稚園の様子や、そこから就学に至るまでの手続きの大変さが語られた。しかし、特別支援学級に子どもを就学させた高橋さんは、この質問に対し、子どもが生まれた時のことから順に話し始めた。高橋さんは、出生からの長い時間の流れにおいて、子どもや保護者自身が経験したさまざまな出来事と重ね合わせて、子どもの就学のことを語ったのであった。なお、下記のトランスクリプトは、就学の手続きが始まる五歳児一〇月に実施したものであり、調査者である筆者が「今頃から」と述べているのは、その時期を表している。

調査者：お子さまのことで、就学前のことを中心にお伺いしたいっていうことなんですけれども。どういう園に通われていて、そこから、多分、今頃からだと思うんですけれども、就学の手続き、どんなふうにされてこの学校に決まったのかっていうところを教えていただけませんか。

高橋さん：分かりました。うちはさかのぼるとっていうか、生まれたときから、体が、そんな特別ではないんですけど、ちょっと小さめで、生まれてからのほうがその成長が。生まれた体重はものすごく少ないわけじゃないんですけど、ちょっと小さめで生まれて、そこから伸びが悪かったのです。なかなか、体重とか身長が伸びていかなかったので、常に心のどこかで何か心配な、引っ掛かるようなものがあったんですね。

また、二人の子どもが特別支援学級に在籍している小林さんも、高橋さんと同様に子どものごく小さい頃にさかのぼって話し始めた。筆者が高橋さんに投げかけたのと同じ問いを小林さんに発した時、小林さんは、「二人とも私立幼稚園ですね。通っていたのは。」と答えたが、その直ぐ後に、「随分、前なんですけど」と切り出して、「子どもの言葉が出るのがすごく遅かった」、「歩き始めも遅くて」と話し始めた。このように、特別支援学級に子どもを就学させた保護者が、就学までの経過として最初に話題に出したのは、子どもの小さいころの、発達の様子で心配だったことだった。

調査者：早速なんですけれども、一番お伺いしたいのは最初のお子さんのことで、就学前にお子さんが通っていたのがどういう園で、そこから小学校に上がるまでがどんなふうな過程だったのかっていうのを。今、何年生でいらっしゃいましたっけ。
小林さん：今、下の子が二年生で、上が五年生。
調査者：上が五年生で。
小林さん：二人とも支援学級。
調査者：二人とも、そうですよね。どっちがいいかな。それぞれについて、思い出せる範囲でお話、していただけないかっていうことですね。
小林さん：二人とも私立幼稚園ですね。通っていたのは。
調査者：幼稚園。
小林さん：で、（そのあとひと言つぶやくが聞こえない）、随分、前なんですけど。
調査者：上のお子さんも。

小林さん：言葉が出るのが、すごく遅かったんですね。歩き始めも遅くて。地域の遊び場みたいな所？で、時々、来てくれる小児科の先生に相談したりとかはしてたんですけども、特に○○市で、○○発達支援センター、あれもまだ当時はなかったのかな。で、相談したりするほどでもないって言われてて。

本章で対象となった保護者の子どもの就学に関する語りは、常にたいへん長い語りとなった。彼らの語りは、就学後のずっと先の将来（中学校や高校への進学、その後）に至るまでの一つながりのナラティブ（物語）になっており、就学はその長いナラティブにおける重要な通過点として捉えられていた。彼らの中には就労している保護者もいたが、そうした保護者も含めて、ここでの就学に係るインタビュー調査では、障害のある子どもの保護者として、ほとんど子どものことだけを語った。

ここから分かるのは、障害のある子どもをもつ保護者の生活世界においては、子どもの障害や成長に関連する事柄が中心的な関心事であり、保護者自身の生活は脇に追いやられていることである。彼らにとって、子どもの就学とは、子どものそれまでの成育歴とその子供の将来にわたる長い語りの中に位置づけられる出来事であり、保護者は、その子どもの親として、子どもの過去・現在・未来の見通しの中に生きていると言える（図6－1）。

四章で見たように、通常学級に通う子どもを持つ就労する保護者は、小学校就学により保護者自身の生活がどのように変化したかについて多くを指摘した。もちろん四章ではあまり触れなかったが、彼らも子どもの生活の様子や子ども自身の困難についても多くを語った。また、自分自身の仕事と子どもの就学との時間の兼ね合いをどう調整したかということも語ることが多かった。これに対して、特別支援学級に子どもを就学させた保護者の語りは、子どもの長い成長プロセスに焦点が当てられていた。

保護者たちは、この就学に関する長い語りの中で、子どもの成長に関する心配や、子どもに適した施設や学校

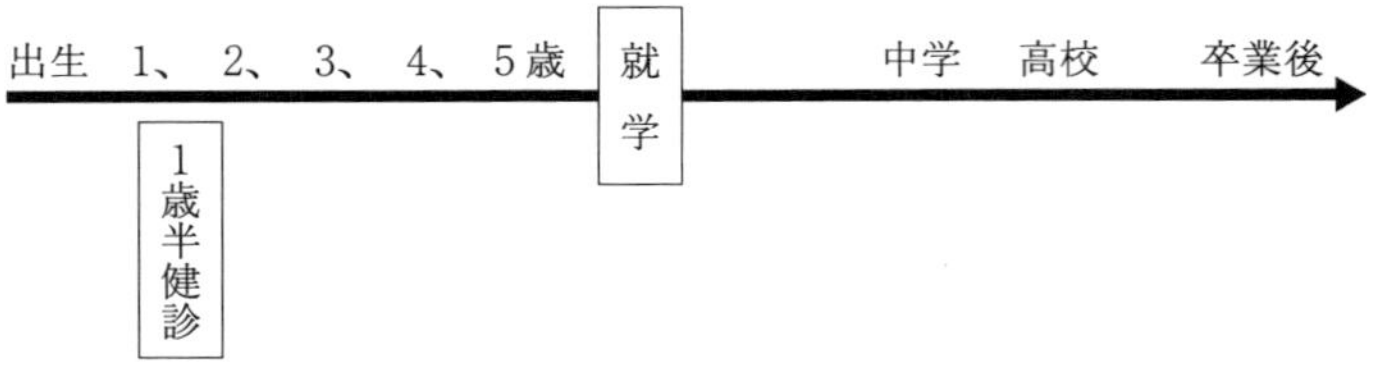

図 6-1　障害のある子どもを持つ保護者の生活世界における就学の位置づけ

の選択をめぐって悩みを抱えてきたこと、周囲から理解されにくいことなどの困難について語った。彼らにとって、就学は、こうした悩みや困難の先にあるものであり、就学そのものによって何らかの困難が生じるということはほとんど指摘されなかった。

7. 子どもの成育歴の中で経験された保護者の心配や困難

保護者は、このように出生時あるいは子どもがごく小さい時期からの長い語りの中で、子どもの成育の様子と、そのことについて感じた心配や困難を語っていった。そして、そうした子どもに関する悩み事を専門家に相談したり、他の保護者とネットワークをつくり支え合ってきたことを語った。以下では、様々な心配や困難を伴いながら子育てしていったことに関する彼らの語りを順に見ていく。

①　一歳半健診、障害の診断について

保護者の中には、一歳半健診のことに触れる者もいた。たとえば、松本さんは一歳半健診で発達障害の疑いを持たれたことについて次のように語った。

松本さん：そこ（以前住んでいた地域）で働いていてもいたんですが、妊娠で辞めまして。二歳くらいまで出産と育児をしていたのですが、一歳半健診で引っかか

りまして。発達障害ではないかということで。しゃべらなかったのと。すいません、記憶が遠いのですが。歩かなかったのですね。二、三歳ぐらいまで抱っこで保育園に。二歳から保育園に入れまして。（（　）内は筆者による補足。以下同じ。）

木村さんも、一歳半健診のことに触れ、知的にはその時点では問題がなさそうだったが、落ち着きがなく困って相談していたことを話してくれた。

木村さん：知的には一歳半検診のときに、言葉は少なめだったんですけど、特に積み木の問題もなかったし、何も問題はなかったんですけど、結構、落ち着きがなくて、目を離すっていうか、次の瞬間に何をしてるか分かんないような子だったので、どこか行っちゃったりとか。とにかく、それで困って、どうなのかなっていうのを相談していて。

こうした語りの後、保護者は、その後の健診なども含めてどこかの時点で子どもに障害があることの疑いが指摘され、専門家による診断が下されたこと、そして療育センター等の支援機関に通うこととなった経過を語った。山本さんの場合は、子どもが三歳の頃に「心理の先生」から「広範性のものがあるかも」と言われ、検査してもらった結果、自閉症スペクトラムの疑いがあることを告げられた。そして、近隣の療育センターで診断を受け、同センターに通いはじめた。

② 専門家への相談

前述の通り、保護者は医師や療育機関の各種障害の専門家に診断を仰ぐ。そして、療育や子育ての様々な問題について、専門家に相談し、アドバイスを受けていく(6)。高橋さんは、「(療育の)プロの先生方もうちの子の成長度合いをお互いで確認して、今、ここまでできるようになったねと」確認し合っていると語った。

小林さんは、より専門的に診てくれる施設を紹介してもらっていた。

小林さん：＊＊(療育センター)のかかってた先生に相談したら、＊＊大の附属のリハビリテーションセンターみたいなのがあって。(略)あそこなら診てくれるかもしれないですねとか言われてそこに相談した。

木村さんは、発達支援に関するセンターの専門家に、自分の子どもは特別支援学級に行くのがいいか、通常学級に行くのがいいかについて相談した。吉田さんは、子どもを特別支援学校に就学させるか小学校の特別支援学級に就学させるかで迷っていたが、小児科の先生に相談したところ、まずは特別支援学級に通ってみて、それがだめだったら特別支援学校に移ればいいというアドバイスをもらったと話してくれた。

吉田さん：＊＊(クリニック名)の小児科、信頼してる小児科の先生にも、「三年間だったら無駄にしていいよ」って言われたんです、変な話。三年間だったら取り戻せるからって。だから三年間様子を見て、そこで駄目だったら、支援校に移ればいい。

調査者：支援校に移ればいいと。最初三年間はどっち行ってもいいっていう。

吉田さん：それを＊＊(クリニック名)にいらっしゃる＊＊先生っていう先生が言ってくださって。「じゃあ、そうします」って。

③ 保護者ネットワークの形成

また、療育の過程などを通じて、障害を持つ子どもの保護者同士のネットワークが形成されるようになる。保護者はこのネットワークを通じて、他の保護者から情報を得たり相談していた。高橋さんは、療育で他の保護者と友だちになった様子を次のように話した。また、阿部さんも、障害のある子どもを持つ保護者同士の「ママさん情報」について語った。

高橋さん：療育に行っていると、皆さん、その時期になると、どうするっていう（話をします。）。お友達同士になるんで。でも、就学前相談があったので、まずそれを受けてから考えようっていう気持ちと、いや、でも、幼稚園もこうやってみんなとやってこれたんだし、いけるんじゃないかっていう期待もありました。

阿部さん：結構周りの話を聞くと、ママさん情報なんですけど。あの子は支援学校判定出たのに支援級行ったらしいよみたいな。

山本さんも、就学相談について、周りのお母さんから情報を得たことを次のように話してくれた。

山本さん：私もちょっと初めてだったので、周りのお母さんたちに聞いたら、その年度の四月から申し込みが開始するので、就学相談。もう皆さん慣れてるというか、ちっちゃいときから、うち以外通ってた人たちなので、情報網すごくて。

また、松本さんは、ネットで同じ障害のある子どもを持つ保護者の情報を得ていると話した。

松本さん：いろんなタイプの子がいるっていうのも、どのタイプか、ちょっとなかなか。自閉症ではあるんだろうとは思ったんですよ。どのタイプの発達障害か、ちょっとよく分からず。男子なので割とおとなしいほうだと思うんですけど。ぱーっと走っていったりするので。ということは、それはブログで知って読んでみたりですとか。同じ発達障害のお子さんがいるお母さんのブログ。知り合いじゃないので気楽だった。

④ 早期からの探索・選択の過程

障害のある子どもを持つ保護者は、保護者のネットワークから情報を収集するなどして、通常学級に在籍する子どもの保護者より、かなり早期から長い時間をかけて、子どもにあった施設や学校を探し歩き、あれこれ思い悩みながら選択していた。

彼らにとって、大きな悩み事の一つは、就学前にどのような園に通わせるかであった。たとえば高橋さんはどの幼稚園を選ぶかで最初すごく悩んだと語った。そして、その選択の過程で、園長先生から様々な制約がかかると言われたとも述べた。

高橋さん：幼稚園のときが、まず私にとって一番、最初すごく悩んだ時期でした。園長先生と面談とかをしたんですけれども、そのときに、その子にとって、本当にその選択がいいのか、「こちらとしては受け入れますけども、その、先生一人一人付けることはできませんし、それが本当にお子さんにとっていいのかをお母さんが決めることです」、みたいことを言われ（ました）。

保護者がどのような園や施設を選択するのかの判断基準は家庭によりまちまちだった。木村さんは子どもが落ち着きがない感じだったから、就学のことを考えて、設定保育の幼稚園を選んだと語った。

木村さん：設定のほう。生まれたときから、ちょっと落ち着きがない感じだったので、小学校の就学のことを考えると、自由保育より、ちょっと設定で決まってたほうが。

調査者：割合、きちっと時間が決まっていてっていう保育のほうが、いいかなと思われたんですね。

木村さん：そのほうが切り替えとか、もうちょっとうまくできたり、あと、様子を見れるかなと思ったので、設定保育を選んで、その幼稚園に通っていました。

阿部さんは、加配の先生を付けてもらえるから公立の幼稚園を選んだと話してくれた。

阿部さん：幼稚園に通ってたんですけど、公立の幼稚園で、一クラスだけの、わりと少人数っていうか小規模な園でした。家からちょっと遠かったんですけど、加配の先生が付けてもらえるっていうことで。それで普通の幼稚園、私立の幼稚園だと付けてもらうのが難しくて、それで公立の幼稚園に通って。支援の必要な子が四人いたんですけど、四人いて支援の先生が三人付いていてっていう感じで（した）。

阿部さんは子どもが幼稚園に入園するとすぐに、就学先の小学校の見学に出かけた。障害のある子どもをもつ保護者にとって、就学とは、こうした長い選択の過程の中に位置づけられている。

阿部さん：その幼稚園に入園してすぐなんですけど、わりと学校公開とかにもう見に行ったりしてて。ちょっと雰囲気見といたほうがいいよって、先輩お母さんかな、先輩ママさんからちょっとアドバイスをもらってたので。もうその年の春の学校公開で＊＊小をちらっと見には行ってたんです。＊＊小じゃないか、どっちだったかな。支援学校も視野に入れてたので。支援学校は結局行かなかったのかな。＊＊小だけちらっと見に行って。支援学校は年長さんのときだけ見に行って。

⑤　就学先の選択

就学先については、通常学級と特別支援学級の選択で迷う場合と、特別支援学級と特別支援学校で迷う場合がある。阿部さんは前述の語りでも触れられているが、特別支援学級か特別支援学校かで迷っていた。この点について彼女は、一番迷ったのは自分の子どもの障害の程度が、客観的に見てどの程度なのかなのかということだったと語った。

阿部さん：判定としては支援級判定だったので、私、親の希望としても支援級の希望で、判定も支援級だったので希望どおりっていう形ではあったんですけど。やっぱりどっちに選ぶか迷う。決めるっていう段階で一番迷ったのが、わが子がどのレベルかっていうと言い方が変なんですけど、どの程度のところなのかなって、客観的に。先生方から見てどの辺りなのかなっていうのが分からなくって。先生によっては支援学校に行ったほうがいいんじゃないかっていう先生もいれば、あんまり、その、直接的には言わないんですけど、支援級でも頑張ったらいいんじゃない、みたいな感じ（の先生）もいたりして、どっちがいいのかなっていうのが難しいなと思って。

また、特別支援学級を選択したとしても、通える範囲に特別支援学級のある小学校が複数ある場合は、それらの中から一校を選ぶことになる。小林さんは、自分の住む学区の、隣の学区の小学校の特別支援学級を通学距離の近さから選択した。

小林さん：学区の外れで、本来ならば行く支援学級が坂の下で、すごく遠かったんで。明らかに近い、こっちは駄目でしょうかとか（聞くと相手の方が）、地図を見てくれて。どう見てもこっちのほうが近いですねみたいになって。学区の中ではなかったんですけど、今、＊＊学級（特別支援学級）のほうに行かせてもらって（います）。

⑥　受け入れてもらえないという気持ち

このように、保護者は、就学前の施設や就学時の学校・学級をあちこち見て回り、もっとも適切な場所を選ぼうと努めていた。しかし、その過程において、保護者は、しばしば訪れた施設の長（園長、校長）などから、その園や学校への就園・就学を疎んじられることがあり、受け入れてもらえないという気持ちを抱くこともあった。

たとえば、吉田さんは保育園から、障害を持っていることで嫌がられ、「受け入れてもらえない」ということがあったと次のように語った。

吉田さん：（保育園に）入るのも結構大変だったんですけど。受け入れてもらえない。（障害のある子の受入れ）枠が。もともと＊＊（自治体名）の認可されてる保育園だったら、枠が何人ってあるのはあるんですけど、結局、補聴器してる、眼鏡してるとか、あと病気持ってるとかって言って、嫌がられるんです。（中略）保育園もあちこち何か所も見て、「じゃあ、うちは無理ですね」みたいな。「そういう病気があるなら無理ですね」みたいな。結局でも、保育園上がる頃には、最後の手術でうまくいって、その後その病気になることはなかったんですけど。でも、そういう情報とか、目に見える補聴器だったりとかがあったりすると、やっぱり受け入れてもらえなくて。

また、高橋さんも、就学時健診の面接担当の教員の対応から、この学校はあまり受け入れようとしてくれていないと感じたと語った。

高橋さん：そのときにその先生は、いろいろ自分が経験してきたけれども結果的にそういう子はそういう所（＝特別支援学級）に行くのがその子にとって幸せなんだみたいなことを言われて。自分は両方、普通級も支援級も経験してきたけども、普通級から支援級に移った子がすごく生き生きしてていうようなことを、ずーっとお話しされました。
調査者：そうですか。
高橋さん：なので、それも一つの事実ではあるとは思うんですけども、この学校ではあまり受け入れる感じではないのかなっていうのが、正直思いまして、こちらでは。

8．困難や不安の少ない就学

①　なめらかな移行

以上のように、対象となった保護者は子どもの出生や幼少期からの長い語りの最後に小学校の特別支援学級への就学について語った。彼らにとって就学とは、子どもに障害があることの疑いから、診断を受け、専門家に相談し、さまざまな園や施設を探索し、その中で「受け入れてもらえない」という思いを抱かされる、という数々の悩みや困難を経験してきたうえでの出来事であった。

このため、特別支援学級に就学したことは、なめらかな移行として経験されており、特別支援学級に就学したこと自体についてはほとんど困難や不安が語られなかった。今回話を伺った保護者の子どもは、三つの小学校のいずれかに在籍していたが、どの学校に通っている子どもの保護者も、この点は同様の語り方をした。彼らは一様に、就学前との生活に大きな違いはない、安心した、楽しく通っているなどと語った。また、保護者自身の生活の変化にはほとんど言及がなされなかった。

このことは、四章で報告した就労する保護者を対象とした調査の結果とは、大きく異なっていた点である。この時調査した保護者の子どもは皆、公立小学校の通常学級に通っていた。四章で紹介した保護者は、生活時間を小学校に合わせることの苦労や、教師の保護者への関わり方や保護者同士の関係に関する幼稚園や保育園との違いについて語った。

我々は、四章で対象となった保護者が、小学校に対し様々な不満や要望を語っていたことを踏まえて、本調査の対象者にも同様の質問をした。しかし、その反応はほとんど真逆であった。たとえば松本さんに、小学校への要望を尋ねたところ、彼女は就学した小学校の特別支援学級に限っては「十分でした」と答えた。

調査者：保育園から小学校に進学するときに、もう少し小学校にこうしてほしいなとか思うことがありますかっていうのが最後に書いてある質問なんですけど。

松本さん：＊＊小の＊＊（特別支援学級）に限っては十分でしたね。

小林さんは特別支援学級の先生は「全部、任せてくださいみたいな」感じで、「本当に安心だと思った記憶しかない」と語った。

調査者：保護者の方の生活の変化っていうこと。今、だいたいお伺いしたんで、あんまりないっていうお話だったんですけど、あらためてもう一度っていうことで、小学校にお子さんが上がられるときに何か変化があったかっていうことなんですけど、特にはないって感じですかね。

小林さん：ないですね。

（中略）

小林さん：安心しかないみたいな。本当に。幼稚園だと三十何人の、補助の先生なしで、一人で。

調査者：ええ。一人で。それで前ならえみたいな生活で。(7)

小林さん：（支援級の先生は）もう全部、任せてくださいみたいな。＊＊先生だったんですけど。

調査者：それは本当、安心ですね。

小林さん：これは本当に安心だと思った記憶しかない。

②　就学時に保護者の困難や不安が少ない理由

特別支援学級に子どもが就学した保護者が、小学校にほとんど要望がなく、安心して子どもを通わせられた理由の一つとして考えられるのは、特別支援学級には障害のある子どもだけが在籍し、児童数も八名までと制限されていることがある。

阿部さんは特別支援学級で子どもが「わりと楽しくやっている」と語った。阿部さんは、幼稚園で普通の子たちと一緒にやるのは少しストレスだったと、後から思ったという。

調査者：何かお子さんの様子で小学校上がって変わったことって、もうちょっと前のことですけれども、なんかご記憶されてることとってありますか。

阿部さん：変わったこと。なんか私はだいぶ幼稚園と小学校に行くっていうのは厳しいかな、大変かなと思って、ちょっとどきどきはしてたんですけど。わりとなんか伸び伸び楽しそうに通ってるかなと思って。幼稚園も楽しいみたいではあったんですけど、爪噛みとかがあったのが、なくなったかなと思って。

調査者：小学校に入ったら。

阿部さん：小学校入って、（爪噛みが）なくなって。やっぱりなんか幼稚園も少人数っていうか小規模とはいえ、普通の子たちといると、一緒にやるっていうのはやっぱり本人にとってちょっとストレスだったんだなって後から思ったんですよね。そういうのを見て。だからやっぱり今、割と楽しくやってるのかなとは思いました。わりと、聞いたら楽しいとかって言うんですけど。何でも割と楽しかったって。

木村さんは幼稚園の時は一クラスに三〇人以上いたのが、就学して七人になり、「ずいぶん気持ち的に楽になった。」と述べた。さらに、担任の先生のほかに介助の先生もいて、「目が行き届いて手厚い感じだったので、安心して学校に」行けたと語った。

木村さん：幼稚園の場合は、一クラスの（障害のある子どもの受入れ）枠がすごく少なく。でも、（小学校の特別支援学級に）入ったとき、七人いたんです、同じ学年に。今年、九人にいきなりなったんですけども、増えて、なったんですけど。幼稚園のとき三十何人とかいた中から、少ない人数になったんで、ずいぶん気持ち的に楽になった。それプラス、介助の先生もいらっしゃるので。

調査者：たくさんいらっしゃいますもんね。

木村さん：七人ぐらいのところに、介助の先生も担任の先生もいるみたいな感じだから、必ず、目が行き届いて手厚い感じだったので、安心して学校に。むしろ、幼稚園よりも楽しい感じで。

また、通常学級に在籍する子どもは、就学してすぐに自分で登校することが期待される。これに対して、特別支援学級に子どもが就学した保護者はかなり長い間、就学前と同様に子どもと一緒に学校に登校していた。下校の際もお迎えをしていて、特別支援学級の先生が校門の外まで出てきてさようならと見送ってくれたと述べた保護者もいた。

こうした生活のパターンは、幼稚園の時とほとんど変わらない。それは時間の点でもそうであったし、送り迎えがあるという点でも同様であった。

さらに、通常学級に通う子どもを持つ保護者の多くは、就学までに用意する持ち物の多さに閉口していたが、この点も今回の調査ではほとんど指摘されなかった。吉田さんは、子どもが通っていた保育園と比べると、小学校の方が楽だと答えた。

このほか、阿部さんが指摘したのは、三月に体験授業があり、小学校での生活を事前に体験することが出来たことであった。

阿部さん：わりと体験、三月に体験授業があって。それで実際にちょっと授業を受けたり、一緒に給食を食べてというところまでわりと参加して。朝の会から、朝の八時半かな、一緒に行って、授業を受けてっていう感じで。実際に先生とお話ししたり、お友達、その上級生の子とかも交流があって。すごくそれは良かったですね。

＊＊小ならではは、なのかな。他ではあんまり聞かないので。それはすごく心強くって。本人も小学校に対してすごくモチベーションというか、行きたいみたいな、早く小学校に行きたいみたいなのが、やっぱり具体的にイメージできて、すごく良かったなって。

このように小学校への移行を保護者がなめらかなものとして捉えた背景には、特別支援学級では、先生の保護者への関わりが幼稚園や保育園と似ている点が多く、就学後も先生と密なコミュニケーションがとれたこと、体験入学や事前の丁寧な説明があったこと、障害児に対する理解が深く適切な支援が受けられていると保護者が感じることができたこと、保護者のネットワークに支えられたことなどが指摘できる。

③　未来の選択肢を狭めることへの懸念

本章で対象となった保護者にとって、特別支援学級への就学はそれほどストレスを感じさせないなめらかなものであったが、他方で、その就学が子どもの未来の選択肢を狭める恐れがあることを懸念する声も聞かれた。子どもに合った教育を受けられてよかったという安心感とともに、保護者はその決断をしたことの重さを受け止めていたのである。このため、特別支援学級に就学してすぐに高校進学について調べた保護者もいた。

高橋さんは、通常の学級か特別支援学級か迷っていたときに、特別支援学級に入ると未来の選択肢がすごく狭まると聞いて不安だった思いを、次のように話した。

高橋さん：何が不安かっていうと、就学相談のときにもお伺いしたんですけれども、支援級って決めてしまうと、その後の未来が、選択肢がすごく狭まるっていうのを伺った。できたらその選択肢が広いほうを選べるのであれば、今まで幼稚園でも何とかなったみたいに、もしかしたらなるかもしれないっていう気持ちがありました。

同様の懸念は、別の小学校に就学した木村さんからも聞かれた。木村さんは、知的な障害がある程度重い子どもに対する進路は整備されているが、知的にはそれほど低くない発達障害の子どもの場合はむしろ進路が閉ざされてしまっているのではないかと心配し、通信制高校への進学なども調べていた。

9．障害のある子どもを持つ保護者の生活世界

以上のように障害のある子どもを持つ保護者は、専門家からのアドバイスや療育を通じて障害の特性などを学び、また生活や進路に関する情報を獲得した上で、様々な出来事に対して彼らなりに意味を付与していった。なお、江原（1985: 5）は、このような分化した生活世界の構築には、一定の情緒的認知的パターンも伴っていると指摘している。障害のある子どもを持つ保護者なりの意味付与の仕方、情緒や認知のパターンは、対象者の語りの端々から伺うことが出来た。たとえば、阿部さんは「加配」の先生が付くから公立幼稚園を選んだと語った。また、山本さんは子どものＷＩＳＣ（ウィスク：児童用の知能検査）の数値が高かったことを見て、特別支援学級に入れないのではないかと心配したと語った。公立園に対する彼らの評価の理由や知能検査の数値に対する彼らの解釈の仕方には、彼らなりの意味づけの仕方がうかがえる。図６－１に示した就学に関する彼らの時間の見通しも、そうした彼らの生活世界における認知のあり方を示している。

さらに、障害をもつ子どもへの共感的な理解の在り方からも、彼らの生活世界を窺い知ることができる。たとえば、高橋さんの「みんな、得意なことと苦手なことがある」という、次の指摘はその一例である。

高橋さん：その療育行ってたときに、先輩のお母さんの話を聞く会みたいなのがありまして。去年はコロナだったのでリモートで開催されて、それ聞くことができたんですけど、そのときに、最後に質問コーナーみたいなのがあったので、それ、ぜひ聞いてみたいなと思いました。

調査者：そうですか。

高橋さん：そしたら、そのお母さんが、そこのおうちはもう十九歳ぐらいになられてて、就職もされて。そのうち、でも、普通級も経験されて。中学校から支援級に行かれたのかな。

調査者：そうですか。

高橋さん：そしたら、みんな、得意なことと苦手なことがあるから、そういうことなんだよっていう。誰もが得意なことと苦手なことがあるって。「娘に、自分が（周りの）人と違うこと聞かれたらどうやって答えたらいいですか」っていう（私の）質問に対して、「得意なことと苦手なことがあるから」って言ってくださって。それで、まだ、うちの子、すごい学校楽しんでて、そんなこと全然聞いてこないから、それも取り越し苦労だった。また、これからの話なのかもしれないんですけど、それ、自分の中で一つ持っとこうと思って、聞かれたら。

また、木村さんの上の子は、通常学級から途中で特別支援学級に移ってきた。通常の学級にいたころの上の子の様子について、木村さんは、「嫌いな文字をずっと見てなきゃいけないこととか、楽しいなって思ってないのに、ずっと座ることができるのかなとか、そういうこととかが、すごく心配でした」と、上の子のつらさに共感して次のように語った。

木村さん：（幼稚園の時は）手厚かったので、特に保育室を飛び出すこととかもなかったんですけど。ちょっと集中が途切れちゃったりしても、結局、先生が途中で手伝ったり、一緒にいてってていうので何とかなってたんですけど、小学校の場合は時間が長くなる上に、嫌いな文字をずっと見てなきゃいけないこととか、楽しいなって思ってないのに、ずっと座ることができるのかなとか、そういうこととかがすごく心配でした。

彼らが納得して特別支援学級に子どもを就学させ、安心感をもってそのことを捉えることができたのは、先に述べたような特別支援学級の制度的な特徴による面も大きいと思われるが、それとともに、保護者自身の分化した生活世界においては、特別支援学級への就学が子どもにとって最もふさわしく、安心できるものだと理解される認知や情緒の構造が形成されていたのだと言えよう。

10. 結論

本章では、障害のある子どもを持ち、その子を小学校の特別支援学級に就学させた保護者の経験に焦点を当て、彼らがどのように子どもの就学を経験し、どのような困難や懸念を抱えていたのかを解明した。

障害のある子どもを持つ保護者へのインタビュー調査から明らかになったのは、彼らの就学に関する語りは、就学前から就学後のごく短期間の生活の変化を語るものではなく、子どもの出生時からの長い語りとなっており、保護者は子どもの出生時から経験してきた様々な困難や心配を語ったことである。そして、彼らはそうした長い語りの最後に小学校への就学について語った。その際に彼らが指摘したのは、就学についてはあまり大きなストレスを感じず、安心でなめらかな移行だったということであった。

障害のある子どもを持つ保護者は、子どもが小さいころから専門家の診断を受けたり、相談したりして、様々な知識や情報を獲得していた。さらに同じ境遇にある保護者同士のネットワークも形成され、そこからも知識と情報を得ていた。そして、早期から子どもに合った就学前施設や学校を見て回り、あれこれ悩みながら繰り返し判断を迫られて選択をしてきた。

彼らにとっての就学とは、このような長い探索と選択による結果だったのである。子どもを通常学級に就学させた働く保護者を対象とした調査では、就学直前からの生活の変化やその中で経験した困難や心配が語られたが、本章で対象とした保護者からはそうしたことはほとんど語られなかった。

就学時の困難や不安が少なかった理由の一つは、就学した特別支援学級では教師とのコミュニケーション量が就学前と大差なく、むしろ就学後の方が、配慮がなされていると感じられていたことがある。こうした彼らにとって、子どもの就学は、子どもにふさわしい環境を得るための長い探索と選択の果てにたどり着いた場所であった。その途中では、園や学校から、受け入れてもらえないという辛さを経験をしたこともある。そして、こうした辛い思いをしてきた果てに成し遂げた、特別支援学級への就学は、彼らには、自分の子どもを受け容れてくれる安住の場として映ったのだと思われる。ただし、その一方で、保護者はその選択が、子どもの将来を狭く限定することになりうることを懸念してもいた。

本章の知見は、分析の視点を説明する際に紹介した土屋（2002）や中根（2006）の研究成果にも通じる点がある。ただし、これらの研究が親子関係に焦点を当て、保護者の親としての役割受容や子どもとの関係の変化を描こうとしたのに対し、本章は障害のある子どもを持つ保護者が子どもの就学をどのように経験するかを明らかにした。

なお、本書ではこれまで、「小一の壁」を手がかりにして、就労する保護者が子どもの就学時に経験する困難に着目し、分析を進めてきた。そこから見えてきたのは、就学における学校や学童保育の子どもの受け入れ方が、保護者あるいは家庭の生活に合わなくなってきていることである。保護者は学童と勤務の時間の調整だけではなく、様々な学校からの求めへの対応にも困難を感じていた。しかし、本章で浮かび上がったのは、障害のある子どもをもつ保護者の中には、むしろ学校教育に安心や安住の感覚を抱いている者がいることである。

ただし、特別支援学級に子どもを在籍させている保護者の中には、ここで対象とした保護者とは異なった思いをもつ者もいることと思われる。今回は三つの小学校の特別支援学級の担任をしている教員から紹介を受けた保護者を対象としたため、教員との関係が良好で、特別支援学級に適応している者が好んで選ばれたという可能性がある。また、ここでは就学時から特別支援学級に在籍している子どもの保護者の経験に焦点を当てたが、本章の冒頭で指摘したように、いずれかの学年の変わり目で転籍してくる子どもも相当数いる。転籍してきた子どもの保護者の中には、学校や特別支援学級に対して異なった思いを持っている者もいることと思われる。

しかし、それでも本章で紹介したような思いで就学を迎えた保護者もいる。先に述べたように、彼らが安心感を持って就学を迎えている理由の一つは、特別支援学級の制度的な編成のされ方があると思われる。ただし、保護者自身の生活世界に分け入っていくと、彼ら自身にも、就学を安定的なものとして受け入れる素地があったと思われる。土屋（2002）が述べたように、彼らは「障害者の母親」というリアリティを構成している。彼らの多くは専業主婦や時間の限られたパート就労であり、子どものために専門家と相談したり、療育センターに通うことに時間を割いてきた。そして就学に向け、長い探索や受け入れてもらえないという経験もしながら、障害のある子どもを持つ保護者という「特定の範囲の人々にだけ分け持たれ（江原 1985: 63）」た生活世界を構成していった。その世界の中で、彼らは特別支援学級にたどり着いたのである。

注

（1）各年度の学校基本調査の結果に基づく。

（2）文部科学省初等中等教育局特別支援教育課『障害のある子供の教育支援の手引～子供たち一人一人の教育的ニーズを踏まえた学びの充実に向けて』、二〇二一年。

（3）山田（2008）は、通常学級に就学した子どもの保護者が、子どもの様子を担任教師から伝えられ、また授業参観などで自分の子どもの姿を見て愕然とすること、子どもも保護者も周囲から孤立し、子育ての失敗ではないかと思い悩むこと、発達障害の疑いがかけられて教師や専門家との相談が開始されることなどの過程を経ることを報告している。また、鶴宮（2022）は、通常学級の担任教師等で担当した児童が転籍した、あるいは転籍予定であるという教師を対象とした調査により、多くのケースにおいて、保護者は消極的な選択肢として転籍を捉えており、受動的に転籍への合意形成のプロセスに参加していることを見出している。

（4） 子どもは今回の調査で対象になった子どものみ記載している。プライバシー保護のため、配偶者の有無やその子どものきょうだいなどの家族構成については掲載を控えた。また、子どもの障害の具体的な内容については話の中に出てくることはあったが、そのことについて直接尋ねてはいない。

（5） 障害のある子どもを持つ母親の就労は制限されていることが指摘されている。春木（2015）は子どもに発達障害がある場合についてそのような傾向が見られると指摘している。また、春木（2019）は肢体不自由、知的障害特別支援学校の在籍児を育てる母親を対象に調査し、一般の子育て世帯に比べ障害児の母親の就業率は極めて低いことを明らかにしている。関（2019）による文献レビューによれば、障害児の母親は家族資源や社会資源がなければ就労を断念したり、制約が生じてしまうという。

（6） この点に関して鶴田（2021）は、障害のある子どもを持つ保護者が療育の准専門家としての特性を備える過程を指摘している。本章では個別の保護者の知識の蓄積過程を丹念に追ったものではないため、そうした特性を備えていったかどうかの確認はできないものの、専門家に長期にわたって相談し、そこからさまざまな知識を蓄えていく様子はうかがえた。

（7） ここで筆者が「前ならえみたいな生活で」と言葉を足したのは、このやりとりの手前で小林さんが、小学校の特別支援学級が自由な雰囲気なのとは対照的に、その前に通っていた私立幼稚園が厳しくて、真っすぐ前ならえ、歩きましょう、間を空けちゃ駄目です、と言われたと語ったことを受けている。

七章　コロナ禍における就学

1．コロナ禍――非常時における学校教育と家庭

ここまでの各章で見てきたように、子どもの就学時に保護者が直面する困難は、保護者自身の就労状況や配偶者の有無、さらに子どもの障害などに強く規定されている。しかし、こうした保護者の生活状況や子どもの成育の状態のほかにも、保護者の意識を規定する要因はいくつかある。その一つが社会全体の状況の変動である。たとえば、戦争の勃発や大地震などの天災の発生は、学校や家庭、職場など、人々のあらゆる側面の生活に影響を及ぼし、それぞれの場における人々の経験や人間関係を左右する。また、こうした非常時における生活は、通常時とは大きく異なるが、こうした時にこそ、通常時には問題なく運営されているように見える制度や組織に潜む諸課題が浮かび上がってくることもある。

本章はこのような問題関心に基づいて、二〇二〇年初頭から日本全体を覆った新型コロナウイルス感染症の感染拡大と、同年四月からの学校教育の臨時一斉休業がもたらした影響について検討する。文部科学省は二〇二〇

年三月初旬、全国の学校に臨時一斉休業を指示し、四月になると緊急事態宣言が発出された。こうして二〇二〇年度は、各学校は長いところでは五月下旬から六月まで休業が続き、その間子どもたちは自宅に留まるように指示された。このため、この年の四月に小学校に就学した児童は、二か月近く、ないしそれ以上経ってから、ようやく小学校に通えるようになった。児童の中には、幼稚園や保育園の卒園式もできず、また小学校の入学式も学校再開まで延期になった子どももいた。子どもの就学を迎えた保護者はこの時期をどのように経験し、その中でどのような困難や不安を募らせただろうか。

なお、このことを考えるためには、これまで各章で検討してきた通常時の就学において保護者が抱える困難を振り返っておくことが必要だろう。子どもの就学時に保護者自身の生活や人間関係には様々な変化が生じ、そのことが困難や不安を招く。このうち四章では、共働き世帯の保護者やひとり親で働きながら子育てしている保護者が、子どもの就学時に経験した困難について検討した。その結果、保護者は子どもの就学時に仕事の時間と学校や学童の時間の調整の難しさ、学校からの時間的余裕のない求め、宿題への保護者の関与などのさまざまな困難に直面していることとともに、教師や他の保護者との関係が築きづらいことを見出した。なお、ここで見出された保護者の困難のいくつかは、就労していない保護者にも経験されうるものと思われる。

二〇二〇年度の一斉休業下での就学は、非常に特異な状況であったが、こうした通常時の就学において保護者が経験する困難のいくつかは、この時も経験されうるものだったと思われる。また、通常時以上に難しい状況だった面もあるだろう。以下では、こうした点にも留意しながら、この時期に子どもの就学をめぐって保護者がどのような経験をし、その際にどのような困難や心配・不安を抱えていたのかを明らかにする。

調査は学校再開直後の二〇二〇年七月に、保護者対象のWEBアンケートにより実施した。これまでの各章では、保護者に直接会ってインタビューするという調査方法を採ってきたが、これは各個人が事象を主観的にどのように経験したのかを詳しく明らかにするには、この方法がもっともふさわしいと判断したためである。しかし、コロナ禍により緊急事態宣言が出された中では、対人接触は制限され、こうした方法を採ることは困難であった。コロナ禍が過ぎるのを待ってインタビュー調査をすることも検討したが、時間が経ってしまうと、緊急事態宣言の渦中に感じたことは忘れ去られてしまうおそれも大きかった。

こうしたことから、我々は、二〇二〇年四月に子どもを小学校等に就学させた保護者を対象にして同年七月に、子どもの就学の過程がどのようなものだったか、学校休業中保護者はどのような思いで過ごしたか、その間どのような心配や悩み、困難を抱えていたかについて、ＷＥＢアンケート調査を実施することにした。

2. 調査方法と調査対象

調査は、調査会社（楽天インサイト）を通じて行った。同社に登録されている調査モニターのうち二〇二〇年四月に六歳児として就学した子どもを持つ保護者を対象にして、首都圏（東京・神奈川・埼玉・千葉）八〇〇名・関西圏（京都・大阪・兵庫）六〇〇名の回答が得られるように実施した。調査時期は学校が再開した直後の二〇二〇年七月一六日〜七月二〇日である。

回答者には、小学校の子どもを持つ保護者のほか、義務教育学校や特別支援学校小学部に就学した子どもを持つ保護者も含まれていた。義務教育学校は、小学校と中学校を繋げて九年間一貫で教育する学校であり、一年生の就学の在り方は小学校と大きな違いはない。これに対し、特別支援学校は、教員と児童の比率が小学校の通常学級とは大きく異なっている。さらに前章で見たように、障害のある子どもを持つ保護者は、子どもの就学に関する経験の在り様が、小学校の通常学級に子どもが就学した保護者とはかなり異なっている。これらのことから、コロナ禍による緊急事態宣言下において、特別支援学校に子どもを就学させた保護者の経験は、通常学級に子どもを就学させた保護者とはかなり異なることが予想された。

ＷＥＢアンケートは学校種を問わずに一年生を持つ保護者を対象にして調査したが、前記の理由により、本章は子どもが小学校または義務教育学校に就学した保護者一三五〇名に絞って分析した結果に基づく(1)。

対象者の性別は男性五八・四％、女性四一・六％であり、年代は三〇代、四〇代が大半を占めた。これまでの各章で報告した保護者インタビュー調査の対象者は大半が母親であったが、ＷＥＢアンケートでは父親の回答がかなり多かった。また、現在の世帯の暮らし向きを「豊か」「やや豊か」「どちらかといえば豊か」「どちらかと言えば苦しい」「やや苦しい」「苦しい」の六段階で尋ねたところ、「豊か」、「やや豊か」「どちらかといえば豊か」を回答した者が六四・四％を占めた。この点についても、厚生労働省が二〇二一年に行った調査で同様の質問を保護者に尋ねたところでは、「大変苦しい」「やや苦しい」という回答が全体の半数以上を占めたのと比べると、今回のアンケートの回答者には、比較的裕福な世帯の保護者が多かったと思われる(2)。

また、子どもが入学前に通っていた幼児教育施設は、幼稚園が五五・九％、保育園三一・三％、認定こども園一一・九％、その他〇・七％、通っていない〇・三％であった。厚生労働省の資料によれば、二〇一九年四月に保育園を利用する三歳以上の子どもの比率は五三・七％だった。これと比べると、今回のアンケートに回答した保護者の子どもには、幼稚園に就園していた者が多いと言える。

3．小学校等への就学と一斉休業

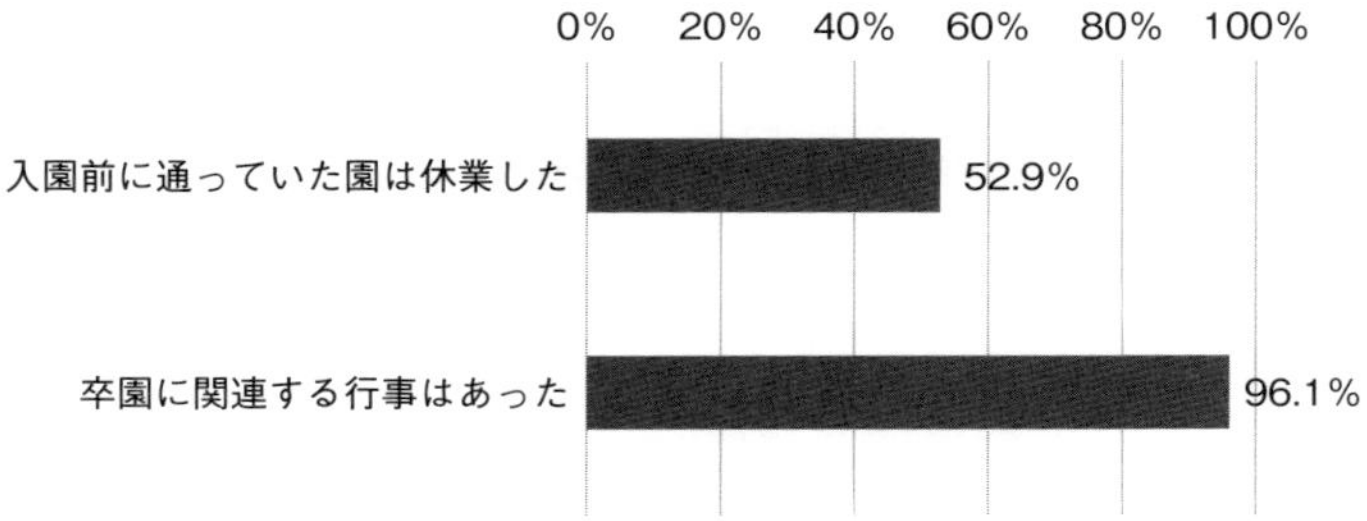

図 7-1　園の休業、卒園式

注：％は全体（1346人）の値。就学前に何らかの施設に通っていなかった4ケースは除外

①　卒園式、入学式

はじめに、対象となった保護者の子どもたちが二〇二〇年度四月に小学校等に入学した際、どのような状況に置かれていたのかを振り返っておきたい。

図7-1は、就学前に子どもが通っていた幼児教育施設で休業があったかどうか、卒園式があったかどうかを尋ねた結果である。二〇二〇年三月には文部科学省から休業要請が出されたこともあり、半数の子どもは園の休業に見舞われた。ただし、全体の九六％は、卒園式など、卒園に関する行事があったと回答した。

一方、四月に小学校等で入学式があったという回答は全体の七割に過ぎなかった。残りの多くは五月以降に実施したが、中には入学式は「なかった」という回答も見られた。「なかった」という回答は、首都圏では五・四％であったが、関西圏ではその二倍以上の一三・一％を占めた（図7-2）。

②　一斉休業中の子どもの生活

入学式の後、学校は一斉休業に入った。この時の子どもの生活の様子を尋ねた結果が図7-3である。

朝昼晩の三食を毎日とっている子どもは九割を超えたが、八％程度が

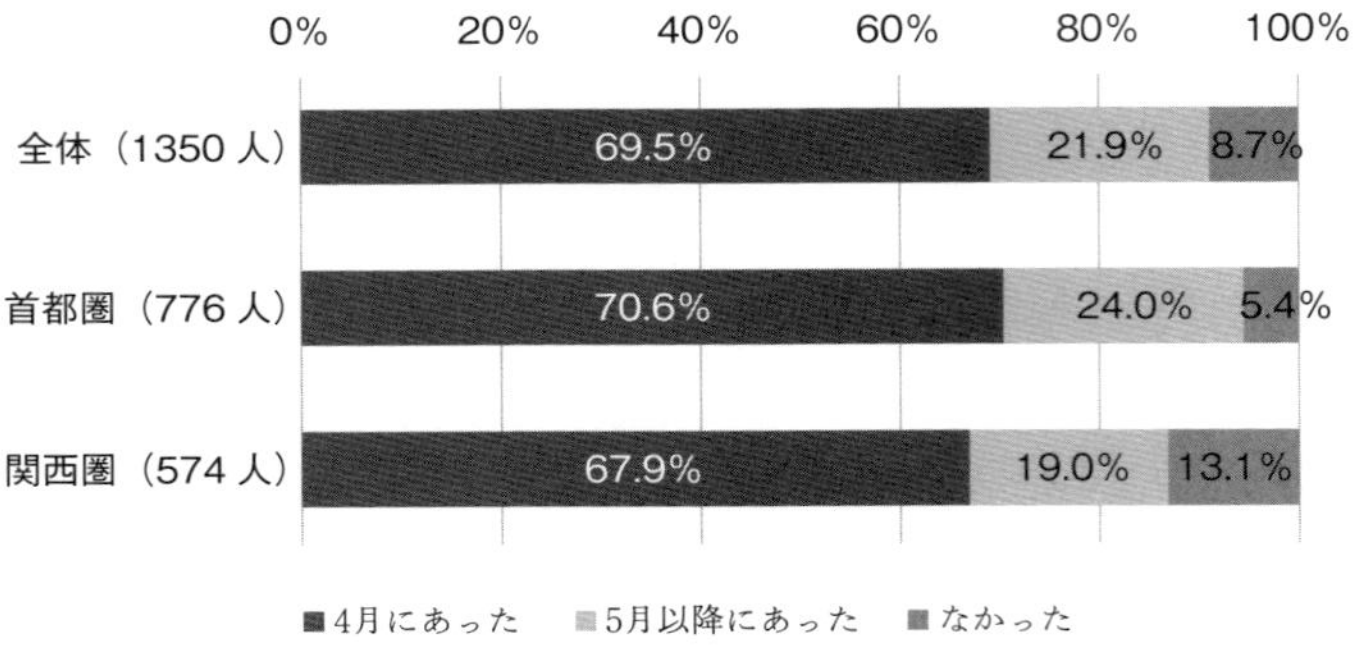

図 7-2　入学式の有無と時期

「あまりあてはまらない」または「まったくあてはまらない」と答えていた。就寝や起床についても毎日同じ時間に寝て起きていたという子どもが八割弱を占めた。しかし、反対に言えば二割を超える子どもは就寝時間、起床時間が乱れがちであったと言える。

　家庭での活動についても、勉強に毎日取り組んでいたと回答した保護者は同じく八割弱であった。一方で、「テレビやDVD、インターネットの動画を見ていることが多かった」と答えた保護者も八三・九％いた。また、「ふだんよりお菓子を多く食べていた」と答えた保護者も六割弱見られた。

　なお、「塾や習い事に通っていた」、「学童保育に通っていた」という回答は、それぞれ二割前後でしかなかった。コロナ禍が始まる前年の二〇一九年に学研教育総合研究所が行った調査では、小学校一年生の子どもを持つ保護者のうち、「学校以外で行っている習い事（勉強やスポーツなど）はない」と答えた者は二七・五％に過ぎなかった。反対に言えば、七割以上の小学校一年生は、スイミングや音楽教室などの習い事や学習塾に通っていた(3)。また、全国学童保育連絡協議会の調査によれば、二〇一九年五月一日現在の学童保育の入所割合は、小学校一年生では三一・〇％であった。これらの調査結果と比較すると、コロナ禍において塾や習い事通いは大幅に減少したこと、また、学童保育も前年度の三分の二程度に減少したことが分かる(4)。

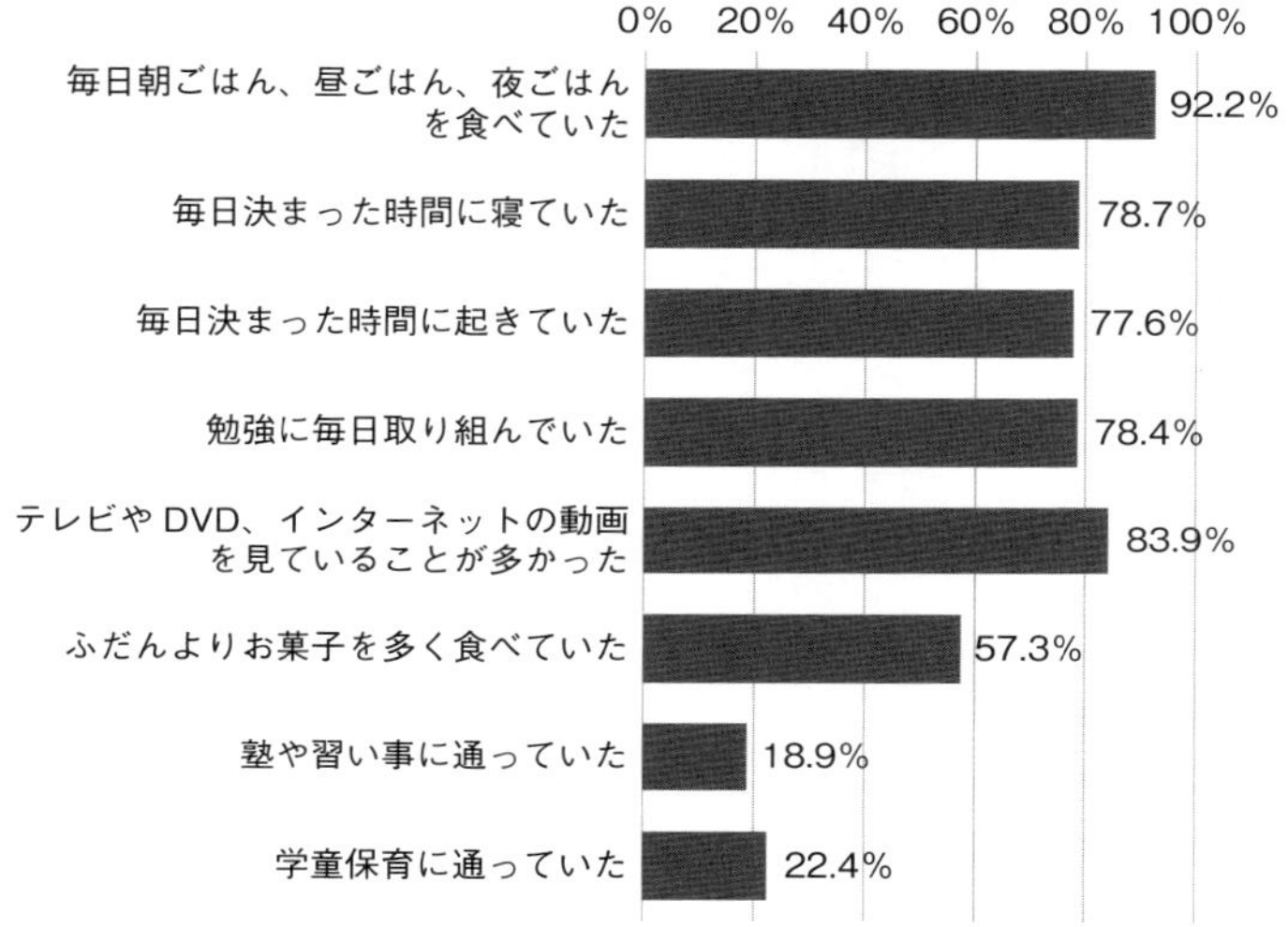

図7-3　休業中の子どもの生活

注：%は全体（1350人）の値で、「とてもあてはまる」と「すこしあてはまる」の合計。

以上の結果をまとめると、二〇二〇年四月に小学校等に就学した子どもたちの多くは就学前から休業を経験し、園の修了式や小学校等の入学式はなされたものの、その後の一斉休業中は塾や習い事に行くことも制限され、学童保育に通うことも難しく、自宅にいることが強く要請された様子がうかがえる。ただし、こうした中でも多くの子どもは毎日三食食べ、決まった時間に就寝、起床し、勉強もしていた。しかし、三食しっかりとっていない子どもも一割弱おり、睡眠時間も乱れがちな子どもも一定数いた。他方でテレビやＤＶＤ、インターネットの動画を見て過ごす子どもがかなり多く、お菓子を多めに食べている子どもも見られた。

4. 子どもの学校適応に関する保護者の不安や心配

① 「学校生活になじめないのでは」

それでは、こうした生活を送っていた子どもを養育する保護者は、一斉休業中、子どもに関してどのようなことが心配だったり、不安に感じていたりしたのだろうか。

小学校に就学したばかりの子どもの保護者にとって、心配だったことの一つは、休業が長く続いたことで、学校に適応できないのではないかということだった。資料7−1は、この点について保護者から寄せられた回答である。保護者は、就学前の施設での生活と小学校での生活は、「時間」の面でも「集団生活」の面でも大きく異なると捉えており、そうした「初めての」学校生活に、子どもが慣れるかどうかを心配していた。

資料7−1　学校生活に慣れないという心配

・友達関係、学校生活という新しい生活への適応、長期間集団生活をしていないことの影響（母親）
・新一年生だったため、小学校での新しい生活習慣が身についておらず、幼稚園生の延長の様な生活になってしまった。（父親）
・宿題も少なく、自由な時間が多かったので、学校生活の時間に慣れることができるか心配だった。（母親）
・他学年とは違って初めての学校生活が遅れることによって、子供より親の方が早く集団生活に慣れさせたいという焦りがありました。（母親）

このときの保護者の気持ちを理解する上で留意しなければならないことは、日本では幼稚園や保育園から小学校に上がると生活が大きく変わり、小学生としての振る舞いが求められることである。保護者らはしばしば「学校生活」という表現を用いたが、これは学校特有の生活の流れ、約束事があるからである。たとえば、資料7−1で、ある母親が述べているように、子どもたちは「学校生活の時間に慣れる」ことが求められる。また、別の母親が指摘したように、学校生活には「集団生活」という要素も含まれる。休業中に一年生を持つ保護者が心配したのは、こうした学校特有の生活に慣れず、そこで求められる行動規範に沿って子どもが動けるようにならないのではないかということであった。

二章で触れたように、こうした学校特有の行動規範の習得は学校的社会化と呼ばれるものである。日本では、小学校就学により学校的社会化がなされ、「小学生になる（児童になる）」ことが期待される。休業中に保護者が心配したのは、就学の直後に習得されるはずの学校的社会化がなされず、「小学生になれない」ことへの不安だった。資料7－2に示したように、ある父親はこの不安な思いを、「ちゃんとした学校生活ができるかとても心配でした」と表現した。一年生になったという自覚がない、小学校に行く心構えが不十分、と語った保護者もいた。

資料7－2　「小学生になれない」ことへの不安

・新一年生から休業で気分がずっと保育園児のままでちゃんと学校生活ができるかがとても心配でした。（父親）
・入学式から再開するまで一度も学校に行くことがなかったので一年生になったという自覚というか実感がないようだった。（母親）
・幼稚園も最後休園して、卒園までの期間を家で過ごしたので、小学校に行く事に関しての心構えが不十分だった。（母親）

② 「友だちができるかどうか」

学校の休業により友だちができないことを心配する保護者も多かった。二年生以上であれば、一定程度学校生活に慣れ、友だちもできた後に休業に入った子どもも多かったと思われる。しかし、一年生は、入学時から休業になったため、友だちができないまま休業となった。何人かの保護者はこのことを心配していた。

資料7‐3　友だちができるかどうかという心配

・環境が大きく変わるのにこの状況だったので友達ができるか、学校に行くのを不安がらないかすごく心配だった。（母親）
・学校が再開した時にクラスの子たちと馴染めるか心配だった。（父親）
・いつ学校が始まるのか、友達となかなか遊べない中で、始まった後の友達との関わりが上手くいくか心配だった。（母親）

③ 「学校に行くのを嫌がるのではないか」

学校に適応できず、ちゃんとした小学生になれないのではないかという心配は、学校が始まってからも学校になじめず学校に行くことを嫌がるようになるのではないかという不安につながっていた。資料7‐4からは、何人かの保護者が異口同音にこの点について不安を語っていることが分かる。

資料7‐4　学校に行くのを嫌がるのではないかという不安

・学校に行きたくなくなってしまうのではないかと思った（母親）

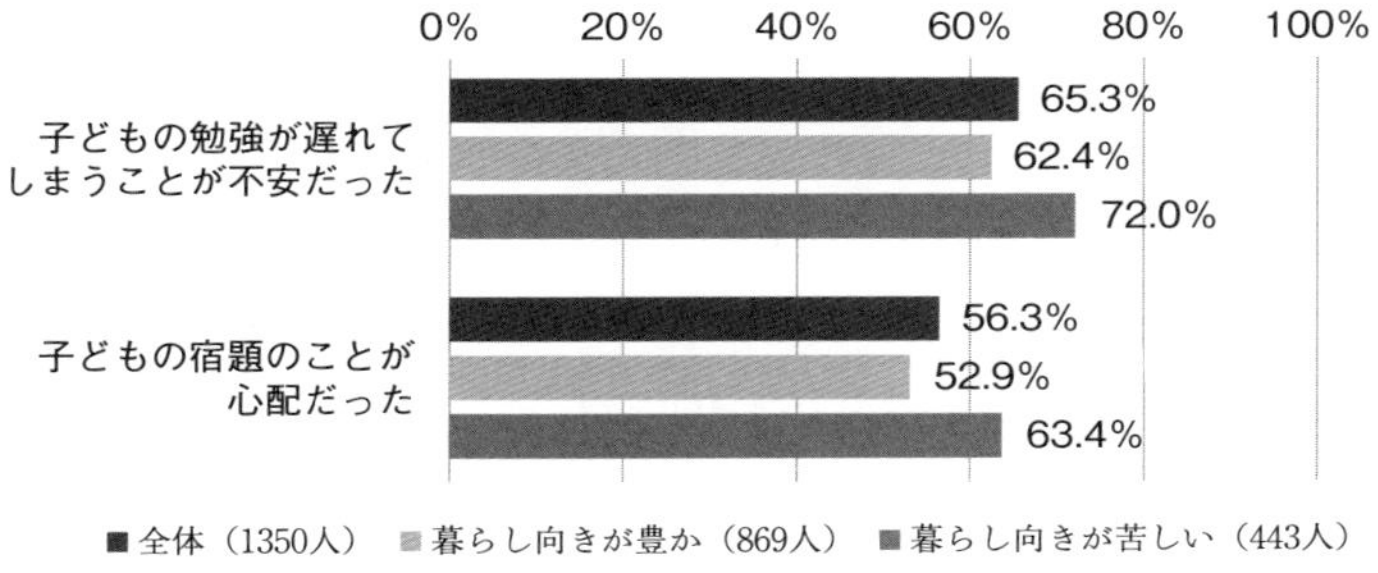

図7-4　勉強や宿題のことでの不安や心配

・春休みが長過ぎて、学校が始まった時に行きたくないと言い出さないか心配だった。（母親）

・ずっと家で過ごして自分の好きなこと（ゲームやテレビを見たり）ばかりしていたので、学校に行きたくないと言い出すのではないかと不安でした。（母親）

・学校に行くことを嫌がるんじゃないかと不安はあった。（父親）

5．勉強や宿題に関する不安・心配・不満

もう一つ、多くの保護者から指摘があったのは、子どもの勉強や宿題についての不安や心配と、保護者が宿題を見ることが求められることへの不満であった。

アンケートでは、このことについて二つの質問を用意したが、それぞれに対する回答は以下のとおりである（図7－4）。全体では、一年生の子どもを持つ保護者の約三分の二が勉強の遅れを、半数以上が宿題のことを心配していたことが分かる。なお、この質問については世帯の暮らし向きによって一〇ポイントの差があり、暮らし向きが苦しい世帯の保護者の方が、勉強の遅れに対する不安も宿題に対する心配も割合が高かった。

休業中の不安や心配について自由回答形式で尋ねた際も、勉強の遅れについて多くの指摘があった。資料7－5はその一部である。なお、このことで保護者が具体的に心配していたのは、他の子どもから遅れているのではないかということであった。ある関西圏の母親は端的に、「休業中に同級生がどのように過ごしているのか気になり、勉学で差が出ていないか心配だった。」と述べた。この他にも、「客観的なモノサシがなく不安」、「他と比べる物差しがない」といった指摘がなされた。

資料7－5　勉強の遅れに関する心配

・休業中に同級生がどのように過ごしているのか気になり、勉学で差が出ていないか心配だった。（母親）
・同じ学年の友達がどの程度まで勉強しているか、全く分からない状態で、毎日勉強につきそうものの、客観的なモノサシがなく不安だった。（母親）
・学習の進度が他の子供達に比べて遅れてないかが心配だった。特に小一で通学・授業の経験もなく、他と比べる物差しがない中での自宅待機突入だったので不安が一段と高かった（父親）
・同級生の子供達がどこまで予習しているかわからなかったので不安でした。（母親）

これらの回答からうかがえるのは、休業中の勉強や宿題について保護者が心配だったのは、他の子どもと比べて自分の子どもの進度がどうなのかを確認できないことだったということである。四章で指摘したように、小学校に就学すると保護者間の関係は幼稚園や保育園の時よりも希薄である。一斉休業になったこの年はよりいっそうその度合いが高かったと思われる。このような状況において、保護者は孤立しがちになり、他の子どもたちがどのくらい家庭で学習しているのかが分からず、不安の度合いが増したのだと思われる。ある父親は、「他の地域の子供と比べて学力の差がつきそうなのでどうしたらいいだろうかと感じた。」と述べた。

また、就学してすぐの子どもには、「勉強」や「宿題」とは何かが分からないという指摘もみられた。

資料7‐6　勉強ということが分からない、宿題をなぜしないといけないのか分からない子ども

・学校という所がわからない中で、休校になり、本人は休み。との認識しかしてなかった。勉強というものも、何をすれば良いのか、本人にはわからない。（母親）

・宿題をなぜしないといけないのか分からないまま、一年生がスタートしたので、可哀想だった。宿題の範囲も自分で把握できないので、結局親から子供に指示することになる。先生が言うのと親から言うのとでは、違う。親や祖母が言っても聞かない。（母親）

何人かの保護者は、勉強ということがよく分かっていない子どもに多くの課題が出され、それを保護者が教えるように求められたことに困惑や不満を抱いていた。ある父親は「勉強の習慣がなかったので、どのように勉強させるか分かりませんでした。」と答えた。ほかの保護者からも、どのように教えればいいのかが分からず困った、親の指導を子どもが受け入れなかったなど、休業中の家庭での学習指導に難しさについて多くの回答があった。

資料7‐7　子どもに教えることを任された保護者の困惑や不満

・勉強の習慣がなかったので、どのように勉強させるか分かりませんでした。（父親）

・ひらがなの課題がでたが、その簡単な基礎こそが先生ではなくては無理で、親が教えるのは難しかった。親が教えることを受け入れなかった。（母親）

・算数や国語など、親の教え方が合っているのかわからず、どのように教えれば理解してくれるのか考えながら指導するのが大変だった。（母親）

ある父親からは、「授業ができない分の学習を、宿題という形で家庭に丸投げされたようで、非常に困った」、「本人だけではなく親も辛かった」という回答もあった。以下の母親の回答からも、休業中の宿題について親子ともども大変辛い思いをしたことがうかがえる。

資料７－８　宿題に関しては本当に嫌なことしかなかった

・宿題が驚くほど大量で、毎日四～五時間がんばった。習ってもいない足し算引き算なども出るので、親が付きっきりにならざるを得ず、親子共々かなり疲弊した。平仮名も何度も繰り返し書かされて、ただただしんどいだけで、かわいそうに思えた。本人は学校に通ったこともないから宿題をする意味も理解できず、大量の宿題を目の前にして毎日泣いていた。私は「させないといけない」って思うから焦ってイライラしてしまうし、それが子どもにも伝わってまた泣いて、宿題に関しては本当に嫌なことしかなかった。（母親）

保護者の中には、このように勉強ということが分からないまま大量の宿題をやらされることで、子どもが勉強嫌いになってしまうのではないかと心配する者もあった。

資料７－９　子どもが勉強嫌いになる

・そもそも勉強をしたことのないので宿題をさせても集中力が続かず、でも毎日やれと言われてすっかり勉強

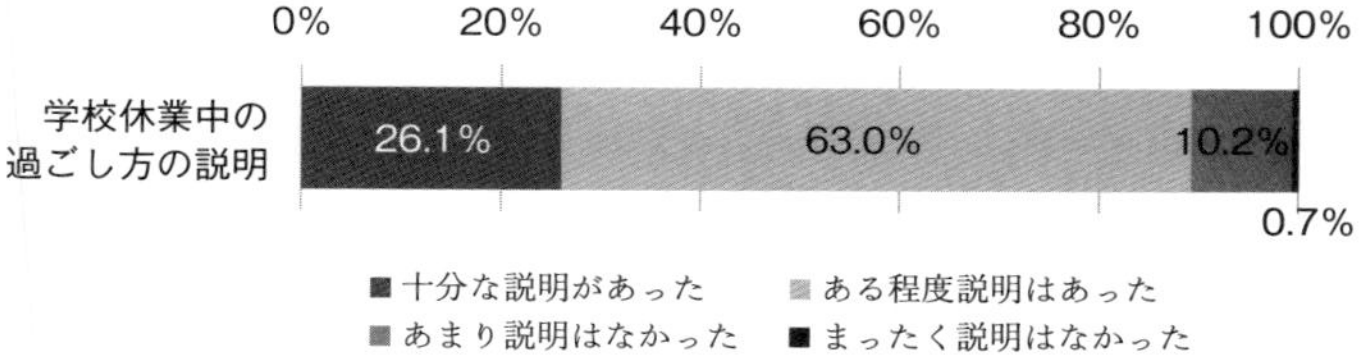

図7-5　学校休業中の過ごし方の説明はあったか

注：%は全体（1350人）の値。

嫌いになってしまった。（母親）

・通常の授業や宿題を経験しないまま、動画での授業や家庭学習に取り組まねばならなかった。本人にとっては苦痛が強いようで、やりたがらずしょっちゅう泣いていた。勉強嫌いになるのではと心配だった。（母親）

6．学校からの説明の不十分さ

保護者の中には、休業中、学校からの説明が不足していたことに心配や不満を募らせていた者も見られた。アンケートで保護者に「学校休業中の過ごし方の説明はあったか」と尋ねたところでは、「十分な説明があった」と回答したのは全体の四分の一にすぎなかった。六割の保護者は「ある程度説明はあった」という回答し、「あまり説明はなかった」「まったく説明がなかった」と回答した保護者も合計で一割強を占めた（図7－5）。

また、図7－6は具体的にどのような形で学校から連絡があったかを聞いた結果である。

これを見ると、学校からの連絡は電話や手紙が多く、メールで連絡があったと答えた保護者は四割程度に過ぎなかったことが分かる。企業などではメールによる連絡が一般的だが、休業中、学校から家庭への連絡でメールは一般的ではなかった。非常時であっても、学校は通常時に使用する連絡手段を使おうとしていた

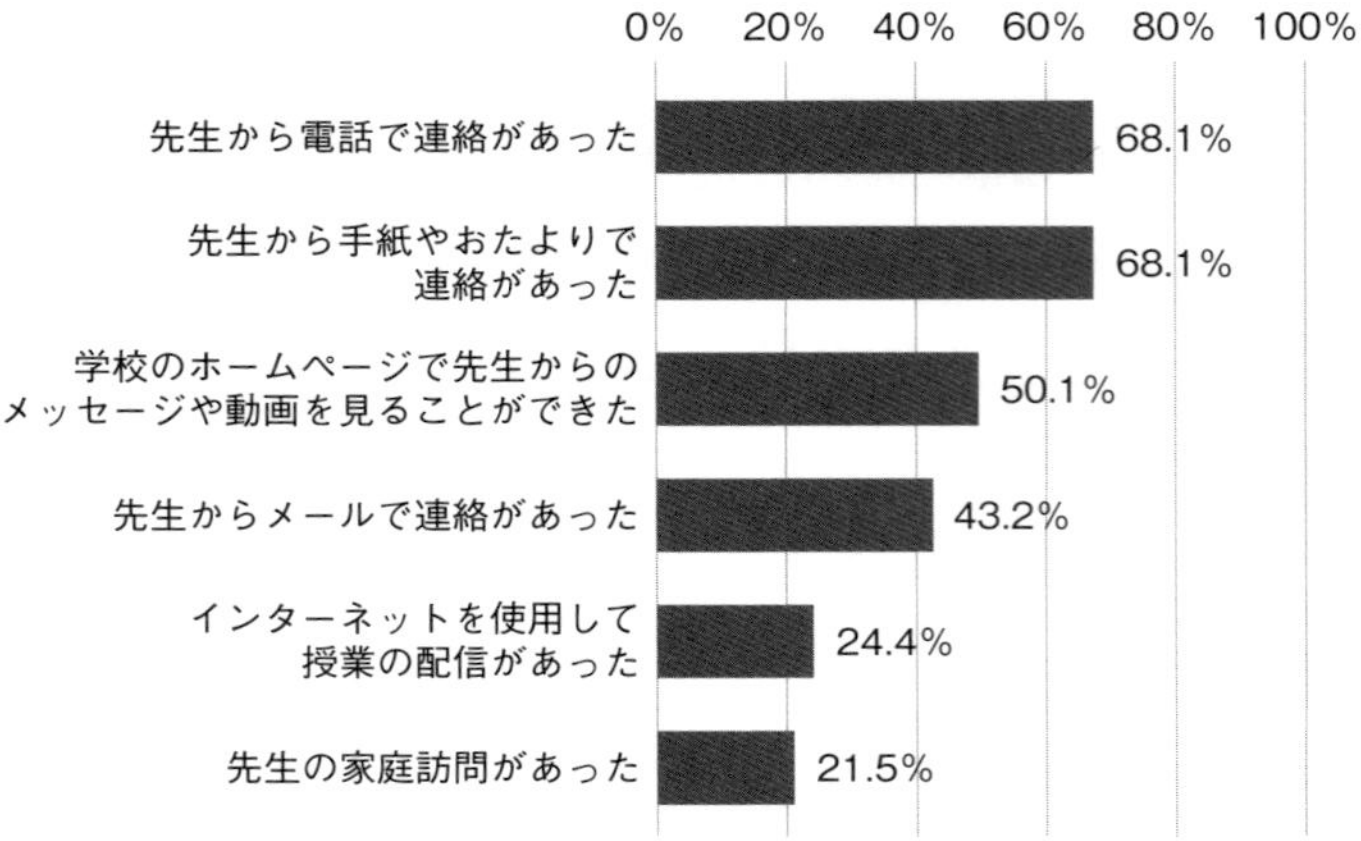

図 7-6　休業中の学校からの連絡

注：％は全体（1350 人）の値。

ことが分かる。

就学した子どものことで困ったことや心配だったことを自由回答形式で尋ねたところでも、何人かの保護者は、学校や教育委員会からの説明が不十分だったと指摘した（資料7－10）。ある母親は、学校の担任の教師からまったく連絡がなかったと記し、別の母親も担任からの電話連絡は五月の終わり頃に一度だけだったと回答した。資料7－10に示した保護者の回答を見ていくと、学校が休業に入り、いつまでそれが続くのかが分からない中で、保護者の中には「見通し」や「今後の授業のあり方」について何らかの情報を得たいと考えていたものの、学校側から十分な情報を得られないという苛立ちを感じていたことがうかがえる。

資料7－10　学校からの説明の不十分さ

・学校担任から全く連絡がなかったこと（母親）
・状況に関しての説明が少なく、見通しが立ちにくいこと（父親）
・今後の授業のあり方について情報がなく不安であった（父親）

・宿題が出されたが、やり方やどこまで親が関わるのかがわからなかった。学校からの連絡はメールでくるが、詳しくはホームページをみて内容を確認してくれということでとても面倒だった。(母親)

ただし、先に見たように、四分の一の保護者は十分な説明があったと回答した。また、資料7-11に示した保護者のように、学校からの連絡はあまりなかったものの、家庭でゆっくり過ごせたことは有意義だったという指摘も見られた。

資料7-11　連絡はあまりなかったが、ゆったりした生活ができて有意義だったという指摘

・こどもが、学校に行くのは楽しみだけど、先生の顔も名前もわからない(入学式に一瞬あっただけなので)と、行っていた。家庭訪問はないにしても、もう少し、コンタクトがあってもよかったのかなぁとは思った。ただ、習い事も、すべて休みになって、たっぷり時間があったので、入学前に普段では難しいゆったりした生活ができて、個人的には、とても、有意義だった。(母親)

このように学校からの連絡の状況やそれに対する評価は保護者によってまちまちだが、少なくとも一部からは、学校からの連絡・説明の不十分さに不満や不安の声が寄せられた。

7. 就労する保護者が直面した困難や心配

最後に、就労する保護者が子どもの休業中に困ったことや心配だったことについてみておこう。すでに指摘したように、「小一の壁」として問題にされているのは、共働き家庭の保護者やひとり親世帯で働きに出ている保護者にとって、子どもの就学時に仕事の継続や時間調整をどうするかが大きな課題になっていることだった。緊急事態宣言下で、子どもの学校が休業になった時、こうした家庭ではどのようなことが起きていただろうか。WEBアンケートでは、この点について独立した質問項目を設定していなかったが、自由回答欄にはこのことに関連した保護者の回答がいくつか見られた。

共働きの保護者からなされた一つの指摘は、両親とも出勤しなければならなかったが、子どもの学童が休みになったことで、仕事を休んだり、祖父母に来てもらったりしなければならなかったということである。

資料7-12　学童が休みになり、仕事を休む、親に頼む

・学童がなく、仕事を休まなければならなかった。（父親——父親、母親ともフルタイム、二人とも週一、二日出勤）

・休業中も学童に通っていましたが、学童も休室になったとき、父も母も交代で仕事に出られない状況が続き大変イライラしていて子供にもイライラが移り、口調が似てきた事が一番不安に感じました。（母親——父親はフルタイム、毎日（休日以外）在宅勤務、母親はパートタイム、週三、四日出勤）

・仕事をしているので、一年生だと両親などに頼まなくてはいけないのがかなり大変だった。（母親——父親、

母親ともフルタイム、二人とも毎日（休日以外）出勤）

また、「仕事があったので上級生の姉妹とお留守番をさせるのが心配だった（父親）」、「働いている間の子ども達が心配でした（母親）」という記述もあった。

就労する保護者から多くの指摘があったのは、子どもの宿題についてであった。4節で報告したように習っていない課題を親がみてやることは、就労している、していないにかかわらずに大変だったことが指摘されているが、就労する保護者は、それと仕事との両立という点で、よりいっそうの負担感を募らせていた。両親ともフルタイムで働いていた世帯の母親は、宿題が習っていない内容であったこともあって、「親の方が疲れきってしまった」と回答した。また、別の母親は、仕事のない土日や平日の朝に子どもの勉強に付き合ってやらなければならなかったことが大変だったと述べた。

資料7-13　働きながら宿題を見なければならない大変さ

・習っていない宿題を出されて親の方が疲れきってしまった。共働きで、コロナだからといって休業できる職種では両親ともになかったので相当ストレスがかかりました。学校からの詳しい説明もなくわからないことだらけでした。（母親――父親、母親ともフルタイム、二人とも毎日（休日以外）出勤）

・オンライン授業を見てからする宿題があり、平日はなかなか時間が取れず、土日や平日の朝にしなければならなかったのが困った。（母親――父親、母親ともフルタイム、二人とも毎日（休日以外）出勤）

・勉強を親が見なくてはならない状況で、時間も労力もなく非常に困った。（母親――母親　フルタイム、毎日（休日以外）出勤、父親はいない）

また、ある父親は、休業中の勉強を保護者に任されたことについて、保護者自身も大変忙しい中で丸投げされるのはおかしいと思うと、以下のように述べた。

資料7-14　こちらも大忙しなのに、丸投げされるのはおかしい

・学校で習っていない宿題（結構な量）を「親が教えてください」と言われ、勉学の指導がど素人の私が、自分なりのやり方で教えているので、勉強の遅れが気になりました。後、先生も大変なのは分かるが、宿題の丸付けは学校側でやって欲しい。何故にそこまで親任せなのか疑問に思う。自宅に子供がいたら仕事の都合も合わせたり、子供達の宿題を見たり又、家事や買い物に行ったりと、こちらも大忙しなのに、丸投げされるのはおかしいと思う。（父親――父親、母親ともフルタイム、父親は毎日出勤、母親は週三、四日出勤）

なお、アンケートでは在宅勤務が多かった保護者も見られた。一見するとこうした保護者は子育てと仕事の両立ができるように見られる。しかし、見方を変えれば、在宅勤務では、仕事と親としての務めの双方が求められ、相当な負担を感じた保護者も多かった。ある父親は、在宅勤務でリモートワークしながら子どもの面倒を見ることが「相当にきつかった」と、以下のように述べている。

資料7-15　在宅勤務で子どもの面倒を見るのがきつかった

・リモートワークをしながら、一年生、保育園児の面倒を見るのは相当にきつかった。低学年はまだまだ親と遊びたがるため、仕事が手につかず、子どもが寝てから仕事再開するなど、ハードな生活だった。子供の宿

題は、親が、教えなければならず、これも苦労した。親に勉強を教えさせるようなシステムは、学校として機能を果たしていないと思う。（父親——父親、母親ともフルタイムで、毎日（休日以外）在宅勤務）

在宅勤務と子どもの世話という二つの役割が求められたことについては、保護者から多くの困りごとが寄せられた。ストレスが高じて子どもを怒ったり、イライラしたと語る者もいた。また、テレビやインターネットに頼ってしまったという指摘もあった。

資料7-16　在宅勤務でストレスを高じさせる保護者

・ワンオペで四六時中子供と一緒の環境になり、勉強面でかなり怒ってしまうことが多くなり、親子関係が悪化したと思う。（母親——父親、母親ともフルタイム、二人とも毎日（休日以外）在宅勤務）

・仕事をしているので、在宅で子どもがいると、とてもイライラした。（母親——父親、母親ともフルタイム、父親は毎日出勤、母親は週三、四日出勤）

・本人と二歳の妹がいる状況で、母親の私が在宅ワークとなりました。仕事は進められず、テレビやゲームにどうしても頼ってしまいました。（母親——父親、母親ともフルタイム、父親は週三、四日出勤、母親は毎日（休日以外）在宅勤務）

以上のように、就労する保護者の学校休業中の様子を見ていくと、仕事と子育ての両立が相当難しかったことが分かる。出勤できずに仕事を休んだ保護者も見られた。また、在宅勤務の保護者は、仕事をしながら子供の面倒を見ることとなった。何人かの保護者が相当に疲弊したと報告し、心理的なストレスが募りイライラする様子も見られた。勤務のために、子守をテレビ、ゲーム、ネットに頼りがちだったという保護者もいた。また、出勤のために子どもだけで留守番させざるをえなかったという回答もあった。このように保護者も子どももかなりの負担を強いられていた。また、学校からの過大な役割期待で保護者の負担感や学校に対する不満感も強まっていた。

休業により子どもの世話が親がかりになったが、就労している保護者は職場での役割も担っている。通常時にぎりぎりでその二つの役割をこなしてきた保護者は、非常時にそのバランスが崩れ、子どもの世話や指導が過重に期待されたのが、休業中のいくつかの世帯の状況だったと思われる。学校が休業になったからと言って、職場が保護者の仕事を軽減する策をとることもなく、また行政が支援の手立てを作ることもなかった。結局、非常時に生じる困難は個々の世帯が担わざるを得なかったのだと言える。

8. 非常時に見えてくる家庭と学校の関係

本章では、コロナ禍のなかで全国の学校が一斉休業になった二〇二〇年四月に小学校等に入学した子どもを持つ保護者を対象にしたWEBアンケート調査に基づいて、就学直後の家庭での様子とその中で保護者がどのような困難、心配、不安さらに不満を募らせていったかを明らかにした。

前章までに明らかにしてきたように、小学校等への就学は、家庭と学校教育の関係、すなわち、子どもを学校に通わせながら生活を営むことが生み出す緊張や葛藤が非常に鮮明に表れる局面である。共働き家庭が増える中でこの時に生じる緊張関係が「小一の壁」として社会問題化し、人々の関心を集めるようになっている。

就学したばかりの子どもが二か月近くないしそれ以上学校に通わず、家庭に留まることを余儀なくされたという事態は、非常に特殊な状況であった。各地の教育委員会や学校は経験したことのない事態への対応が求められた。本章の冒頭で述べたように、こうした非常時に各家庭の保護者と子どもがどのような経験をしたのかを記録しておくことはそれ自身重要な作業であるが、我々はそうした非常時にこそ、学校教育と家庭との関係の基本的特性、その間の在る構造的な緊張関係がより鮮明に浮かび上がってくる面もあると考えた。最後に、とくにこの点に着目して、本章で得られた知見を整理しておきたい。

① 保護者自身がもつ学校イメージとの対比の中で生じる心配や不安

学校の一斉休業において、保護者は子どもが就学しても学校に通えないことで、適切な学校的社会化がなされないことに不安を募らせた。日本では小学校に上がるときの段差が大きく設定され、子どもたちは幼稚園や保育園での生活とはかなり異なった生活の仕方、行動の仕方が求められる。先に指摘したように時間の厳格な管理はその一つであるが、それ以外にもイスに座って姿勢を正して前を向くこと、教師の指示にしたがうこと、私語を慎むこと、などさまざまな学校特有の規範がある。学校は通常、そうした学校規範や学校での相応しい態度を習得させるために就学直後にかなり長い時間をかけて子どもたちを指導していく。一部の保護者が心配したのは、そうした学校的社会化が十分図られることなく、時間が過ぎていくことであった。保護者の中には、「ちゃんと小学生になれるのか」、学校に適応できず子どもが登校を嫌がるのではないかという不安を抱いた者もいた。

ここからうかがえるのは、休業中に子どもを就学させた保護者は、自身が抱いていた学校教育のイメージや望まれる児童の姿に照らしあわせて、休業中の自分の子どもを見ていたということである。このことは、学校生活になじめるかどうかということだけでなく、勉強面での保護者の心配にもあてはまる。何人かが指摘したのは、休業していて家庭で課題をやっていたのでは他の子どもに遅れるのではないかということであった。もちろん、ひらがなや計算がしっかり身につくかどうかという基礎学力の定着という点での心配も見られたが、特徴的だと思われたのは、保護者たちがこの時期に心配だったのは、他の子どもと比べて勉強に差が出ていないかということだった。ある保護者は「物差し」という言葉を用いたが、これは保護者が抱く学校教育での勉強の捉え方を反映している。つまり、四月に一斉にスタートし、みんなに遅れずについていけるかどうかが重要なのである。保護者にとって、就学すぐに休業になったことで、他の子どもの様子が分からず、どの程度進めばいいのかの「物差し」が分からなかったことが不安だったのである。

また、就学により、保護者間の関係がさらに希薄になったことで、こうした保護者の不安が倍加された。幼稚園や保育園では保護者同士のネットワークが形成されることが多く、情報交換もなされるが、小学校に上がるとそうした関係が弱くなる。休業はその関係構築をいっそう困難にした。こうした中で保護者は、学校適応や学習面で不安を募らせたのであった。

② 過大な役割遂行を求められる保護者

もう一つ、今回のアンケートで浮かび上がったことは、学校から保護者への求めが大きかったことである。休業により学校で学習の導入指導ができなかったことが、宿題という形で子どもに課せられ、その指導が保護者に委ねられた。家庭教育の重要性、家庭との連携が説かれるなかで、通常時においても、宿題への保護者の関与が求められている。そうした状況を、ある保護者は「親の宿題」と名付けた。休業はその在り方を踏襲し、さらに過重な「親の宿題」を保護者に求めた。多くの保護者がこのことに困惑し、また、そのように多大な役割を保護者に求めることを「丸投げ」と批判した。非常時であるがゆえに、学校側はそれ以外の手立てを講じることが難しかったと言えるかもしれない。しかし、初期指導の難しさを理解している学校は、この時、その難しい指導を保護者に委ねることになった。行政もこの点についてはあまり対応策を講じることができなかった。

また、共働きの保護者や単親で働いている保護者は、就労と子どもの面倒を見るという二つの役割を同時に達成することが求められた。休業により、子どもを世話する役割が過重になったことで、その二つの同時の遂行は困難を極めた。ある保護者が「疲れ果てた」という感想は、この時の保護者の思いだったと言える。

コロナ禍、学校の一斉休業という事態で浮かび上がったのは、こうした非常時の対応が個々人に委ねられることである。もちろん、この一方で学校側も感染対策の徹底などさまざまな業務に追われた。しかし、個々の子どもの休業中のケアや、世帯の生活の維持は保護者の多大ながんばりによる面が大きかった。

③　学校と家庭とのディスコミュニケーション

四章での分析においても、本章でのアンケート調査の中でも指摘されたのは学校との心理的な距離の遠さである。四章でインタビューした保護者はみな、就学前と比べて小学校では教師との関係が遠くなり、コミュニケーションが希薄化すると述べた。

一斉休業において、こうした学校と家庭の疎遠な関係がより顕在化した。選択式のアンケートの質問では、七割の保護者は先生から電話連絡があった、手紙連絡があったと答えている。また、十分な説明があったという保護者も四分の一はいた。しかし、保護者が「ある程度説明があった」と答えるときの構え、電話で連絡があったという回答の意味は、過大評価してはならないように思われる。自由回答の欄には様々な批判が保護者から寄せられている。

メールが四割程度しか使われなかった点も留意すべきだろう。ＧＩＧＡスクールがコロナ禍で急速に普及したことで、現在は状況はすこし変わったかもしれないが、休業になったころはまだそこまで普及していなかった。

そのこともあってか、メールを使うことは少なく、それは個別の保護者の相談に対応することが難しかったことを示唆している。

以上、本章では二〇二〇年四月に就学した子どもの保護者が、コロナ禍による一斉休業の際にどのような不安、心配を抱えて過ごしていたのかを見てきた。そこから見えてきたのは、保護者の学校への思いと学校の家庭への期待が複雑に絡み合っていることである。非常時に保護者は就学が子どもの人生にとっての重要な移行であることをより強く自覚することとなった。彼らは「ちゃんとした小学生」になることを子どもに願い、コロナ禍はその移行を阻む要因として不安視された。これに対して、学校側は非常時で通常の指導が出来なくなった時、その対応を家庭に求めた。コロナ禍の影響は保護者の生活や就労にも多大の影響をもたらしたが、そのことは考慮されず、学校は家庭への求めを増やしていった。

このように両者の思いは錯綜し、保護者の多くが不安や不満を募らせたが、学校と家庭とコミュニケーションの少なさが両者の軋轢をいっそう高じさせた。今回のWEBアンケートは匿名ということもあって多くの保護者からかなり手厳しい批判が寄せられた。そこにはこうした両者のディスコミュニケーションが影響した面もあったと思われる。

注

（1）前記の理由に照らせば、小学校の特別支援学級に子どもを就学させた保護者も本章の分析から外すことが望ましいが、本アンケート調査では就学先の学校種別は尋ねたものの、在籍する学級が通常学級か特別支援学級かは尋ねていない。このため、この点を考慮することはできなかった。なお、調査した一四〇〇名全員の結果の集計、分析については酒井ほか（2021, 2022）を参照のこと。

（2）厚生労働省（2022）では、「大変ゆとりがある」から「大変苦しい」まで五段階で尋ねており、「大変苦しい」

または「やや苦しい」と答えた世帯が全体の五三・一％を占めた。

（3）学研教育総合研究所『小学生白書ＷＥＢ版二〇一九年八月調査――小学生の日常生活・学習に関する調査』URL: https://www.gakken.jp/kyouikusouken/whitepaper/201908/index.html

（4）全国学童保育連絡協議会「学童保育（放課後児童クラブ）の実施状況調査結果について」二〇一九年九月三〇日

八章　学校選択制を敷くイギリスでの就学

1. 問題の所在と研究の目的

八章では七章に引き続き、本書の四つ目の問いである、「社会全体の状況や学校制度が異なる社会において、就学をめぐる保護者の困り感や悩みはどのような点にどのような形で生じるのか」を検討したい。七章までは日本の社会に焦点を当ててきたが、本章ではイギリス（イングランド）[1]を事例として、学校制度が異なる社会での子どもの就学をめぐる保護者の経験に着目する。イギリスは就学年齢や初等教育における学校選択制の広範囲な実施という点で、日本と異なる制度を敷いている。その一方で、後述するように、イギリスの保護者には子どもの就学の障壁は低く受け止められている。このように異なる学校制度が敷かれているイギリスと日本を比較することによって、日本における「小一の壁」の特徴を相対化して捉えることができるだろう。

本章では以上の問題関心に基づいて、一九八八年の教育改革法以降、教育の市場化が進み、初等教育に学校選択制が広範囲に導入されているイギリスにおいて、保護者が子どもの就学をどのように経験しているのかを解明する。なお、イギリスの就学義務年齢は五歳であり、日本よりも一年早く、法的にはその時点が就学とされる。しかし、イギリスでは子どもが四歳になる年に就学準備クラス、いわゆるレセプションクラス（reception class）に入り、五歳になる年に初等学校一年（以下、Year1「イヤー1」）へと進学するのが一般的である。このため、四歳児を対象としたレセプションクラスへの入学が、事実上の「就学」の節目として人々に認識されている。

こうした制度を敷くイギリスの就学に関する研究では、就学前教育であるレセプションクラスから初等教育の最初であるイヤー1へのカリキュラム上の接続や、保護者の社会階層に着目した学校選択のあり方が中心的な課題とされてきた。その一方で、保護者が就学時にどのような過程を経て学校選択を行っているか、その際にどのようなことを経験しているのかといった保護者の視点への目配りは弱い。そのためイギリスにおいて保護者が就学の過程で直面する課題が十分に明らかになっていない。そこで本章では、教育に対する関心が高いと予想されるミドルクラスの保護者を中心にインタビュー調査を実施し、彼らがどのような学校選択の過程を経て就学を経験しているのかを明らかにする。

2. 先行研究

イギリスにおける保護者の就学をめぐる経験に関する研究は主に二つの方向で進められてきた。一つは、保護者の階層に着目し、それが子どもの学校選択にどのような影響を与えているのかを明らかにするものである。フラットリーほか（Flatley, J. et al.）（2001）は、中等教育への学校選択の過程を、保護者を対象としたアンケート調査に基づいて、学校選択における保護者の行動と階層性が密接な関連があることを見出した。ただし、保護者の学校選択の過程を時系列的にたどっていないため、保護者はいつから就学を意識しているのか、どのような過程を経て情報収集し学校選択に至ったのか、就学した前後の経験をどのように捉えているのかは十分に解明されていない。

もう一つの研究の流れは、数としては多くはないものの、就学前教育から初等教育への移行における保護者の経験に着目したものがある。その一つは、イギリスの教育水準局（Office for Standards in Education, Children's Services and Skills: Ofsted）（2004）によるもので、初等教育への移行時に保護者が直面する困難を、カリキュラム上の違いに着目して分析したものである。保護者の多くはレセプションクラスでは遊び中心の学びで、イヤー1からは学習中心になることを理解してはいたものの、想定より急激にカリキュラムの変化が生じたことに驚いていた。教育水準局による調査ではカリキュラム上の課題は明らかになったものの、保護者が子どもを支える上での困難は十分に指摘されなかった。

これに対してサンダースほか（Sanders, D. et al.）（2005）は、九九名の保護者にインタビュー調査を実施し、レセプションクラスからイヤー1への就学前後の保護者の経験とそこに見られる課題を明らかにした。彼らの調査によれば、保護者は移行を円滑にするために、教員とのコミュニケーションの維持と他の子どもとの友人関係の形成を重視していた。この調査からは保護者がカリキュラムの変化に対応するだけでなく、子ども同士や教師との人間関係を重視していることが明らかになった。ただし、レセプションクラスを選定する段階からの経験は、就学前教育からの移行の過程とは捉えられておらず、調査対象とはなっていなかった。

しかし、イギリスでは二〇一四年の時点で約六割の子どもがレセプションクラスに通っており（Department for Education 2014: 5）、保護者の多くはどの学校のレセプションクラスを選択するかの判断に迫られている。このことを踏まえると、保護者の多くがレセプションクラスの選択の時点から就学をめぐる困難に直面していることが推測される。そこで本章ではレセプションクラス入学前から回顧的に就学経験を語ってもらうことで、イギリスにおいて就学がどのように捉えられ、そして子どもの就学をめぐって保護者がどのような経験をしているのかを明らかにする。

3. 調査対象と方法

調査対象者は、ロンドン近郊の地方都市に住み、初等教育機関に子どもを通わせている母親九名で、筆者の知り合いからスノーボール法で集めた(2)(表8-1参照)。なお、対象者の仮名については、出身国で多く使用される苗字を割り当てている。

調査時期は二〇二二年一二月から二〇二三年四月までで、対象者のうち三名については現地に出向いてインタビューを実施し、残り六名は日本からオンラインで実施した。録音したデータはすべてトランスクリプトを作成して分析を行った。対象者の多くはホワイトカラーの仕事に就いており、イギリスにおいては一般的にミドルクラスとみなされる階層の人々である。本章では学校選択制が保護者の就学経験に与える影響を明らかにするため、学校選択制に一定の比重を置くと想定されるミドルクラスを対象として選定した。また、対象となった保護者のどちらかまたは両方が、日本をはじめとする外国からイギリスに移り住んだ者であった。筆者の知人を頼ってそこからスノーボール法で集めた結果、そのような対象者になったが、彼らは出身国での学校教育経験があることによって、イギリスにおける就学前教育から初等教育への移行の特徴に気づくことが容易であった。なお、対象者の子どもの多くはイギリス生まれであり、対象者らもイギリスでの日常生活や仕事で支障のない程度の語学力を有しており、子どもとのコミュニケーションにおける言語上の障壁については特段言及していなかった。

質問内容は、家族構成、初等教育機関に入学する前と後の生活の変化、就学前教育施設の利用状況、就学先の

表 8-1　調査対象者のプロフィール

	インタビュー時の同居家族と子どもの年齢（下線はインタビューで話の対象となった子ども）	インタビュー対象者（下線部）と配偶者の出身地域	インタビュー時の保護者の就労状況	インタビュー時の使用言語	対象児が就学した際の学校の種類
小川さん	母、父、長女（9）長男（7）、次男（3）	母：日本 父：イギリス	母：製造技術者（正規・在宅勤務併用） 父：会社員（正規）	日本語	公営学校（有志立補助学校）
石井さん	母、長男（17）、長女（11）	母：日本 父：イギリス	母：会社員（正規・在宅勤務併用）	日本語	公営学校（コミュニティスクール）
ニコリクさん	母、父、長女（9）、長男（5）	母：セルビア 父：セルビア	母：情報処理・通信等技術者（フリーランス・在宅勤務併用） 父：会社員（正規）	英語	公営学校（コミュニティスクール）
中島さん	母、長女（16）、次女（9）	母：日本 父：イギリス	母：学校等教員（正規）	日本語	公営学校（コミュニティスクール）
田中さん	母、父、長女（5）	母：日本 父：イギリス	母：製造技術者（フリーランス・在宅勤務） 父：会社員（正規）	日本語	公営学校（アカデミースクール）
イヴァノヴァさん	母、父、長女（9）次女（5）	母：ロシア 父：イギリス	母：無職 父：会社員（正規）	英語	公営学校（コミュニティスクール）
中村さん	母、父、長女（8）	母：日本 父：イギリス	母：会社員（正規） 父：会社員（正規）	日本語	公営学校（コミュニティスクール）
チンさん	母、父、長男（6）	母：台湾 父：イギリス	母：無職 父：会社員（正規）	英語	公営学校（有志立補助学校）
加藤さん	母、父、長男（13）次男（7）	母：日本 父：イギリス	母：カウンセラー（フリーランス・在宅勤務併用） 父：文化芸術関連の専門的職業（フリーランス）	日本語	公営学校（コミュニティスクール）

校種（公営学校であればその中での種類も含む）、就学前教育施設と初等教育機関の違い、就学の際に困ったことや心配だったことなどである。倫理的配慮として、協力依頼する際には事前に研究目的と調査概要、個人情報の取扱い、結果の公表の方法などについて紙面と口頭にて説明を行ない、了承を得た。(3)

対象者は九名と、数としては多くないものの、大谷（2019）が提唱した「被想定背景集団」という概念に依拠し、対象者の数の多さよりも分析の質を重視した。大谷は、量的調査においては対象母集団に対する代表的なサンプルを抽出し、知見の適用を目指す、いわゆる一般化が目指されると述べた。その一方で質的調査は事実よりも対象者の捉える意味を重視し、質的調査の対象者を「被想定背景集団」と呼び、対象者の特性の分析を通して同様の背景をもつ集団を理解するために結果を活用することが質的調査の特徴であると指摘した。そこで本章ではこのような、対象者にとって就学がどのような経験であるかという意味づけに焦点を当てて分析を行った。

そして分析の質を高めるため、ギアーツが提唱した社会的文脈を含めた深い解釈による「厚い記述（thick description）」を目指し、インタビュー調査に加え、参与観察法も調査手法に含めた。具体的には、対象者の子どもの登下校の送迎に同行し、送迎時の様子を観察したり、親子間や教師と保護者とのやりとりを観察したりして、データ分析の参考とした。また、いくつかの就学前施設や初等教育機関は実際に内部に入り観察した。

分析では修正版グラウンデッド・セオリー・アプローチ（木下 2020）を採用し、MAXQDA を用いてオープン・コーディングを行った。その後、イギリスにおける就学経験の特徴的な点について、「学校選択における迷い」「学校で準備される学用品」などの概念を抽出した。そして日本における就学制度との比較において特徴的な点を、「早期からの学校探索」「段階的な移行のもとでの障壁の低さ」という形でカテゴリー化した。それらのカテゴリーを基に、ストーリーラインを作成した。

これらのストーリーラインに基づいて、保護者にとって就学はどのような出来事として経験されたのか、学校選択制のもとで保護者は何を取捨選択しながら希望の学校を選んだのか、そして就学前後の経験をどのように捉えたのかについて分析を行う。

4．早期からの学校探索

保護者へのインタビューデータの分析から、初等教育から学校選択制が導入されているイギリスでは、保護者は子どもがレセプションクラスに入るずっと前の段階から、学校選びに頭を悩ませていることが浮かび上がった。日本の小学校および義務教育学校においても、二〇二二年時点で二校以上の就学校を指定している教育委員会は八三％あり、その中で学校選択制を導入している教育委員会は二二・七％あった[(4)]。ただし、学校選択制を導入している教育委員会の約六〇％が「特認校制」という実施形態をとっており、その大半は小規模校の課題解消を導入理由として挙げているものであった（文部科学省 2022）。つまり、日本では少子化による小規模校増加対策として学校選択制を導入している事例が多くを占める。これに対して、イギリスの学校選択制は、個人による学校選択の自由を目的として実施されており、保護者の就学経験は、日本とは大きく異なる形でこの制度に規定されているものと考えられる。

対象者にレセプションクラスの申請時期を尋ねると、「（同クラスに九月に）入る年の一月頃まで」と答えた保護者が多く、子どもが四歳になるずっと前の段階からレセプションクラスとその後のイヤー1以降の学校生活を含めてどの学校が子どもにとって最適であるかと考えて探索し続けることの苦労を語っていた。彼女らはその過程で、より多くの学校情報をいかにして集めるか、どのような基準で学校を選択するかという構えを徐々に身につけていった。

①「学校選択」という競争の厳しさ

保護者の多くは希望の学校への就学を競争とみなし、希望する学校へ就学することがいかに厳しく、負担の多い道のりであるかということを語っていた。そこには、学校情報を収集し自分の希望に合う学校を探すという長い探索の過程が含まれていた。学校選択の際に保護者の多くが利用していたのが、教育水準局が作成する学校評価の結果である。久保木（2019）によると、教育水準局は保守党であるメージャー政権下の一九九二年に、国家による教育内容の統制と教育サービスの「準市場化」が進められる中で、新たな学校査察機関として設置された。そして現在にいたるまで、教育水準局による学校評価システムは維持されており、学力面のみならず、人種構成比や保護者の学校行事への参与度など多岐にわたって評価を行っている。対象者の一人である小川さんは、学校見学に行く代わりに教育水準局の学校評価の結果を確認していた。「この学校の読解力（reading skill）はグッド（good）ですよ、平均以下ですよみたいなのとかがあ」るのを参考にして、「（評価を）見て、どっちがいいかなーみたいな感じで」[6]希望の学校を検討していた。[5]

また、チンさんのように、周囲の保護者の口コミといったインフォーマルな情報を参考にする保護者もいた。チンさんは「ママ友が、どの学校が一番いいかって、（彼女の）友達から聞いた学校を教えてくれた」[7]と話し、学校選択の判断材料としていた。そこには「いい先生もいなくて、指導もあまり良くない学校がどこかっていうのも教えてくれました」といったように、公式の情報からは得ることが難しい内容も含まれていた。

学校選択制においては、学校から自宅までの距離の近さや在籍する兄弟の有無などが加点対象となり、より点数の高い人が優先的に希望する学校に入学できる仕組みになっている。そのため、保護者は少しでも点数を多く獲得して、希望の学校に子どもを入れようと努めていた。中島さんは、学校を選択するまでの過程を振り返り、より高い点数を獲得するための苦労や競争の厳しさについて次のように語った。

中島さん：こっちって、シブリングルール（sibling rule）っていって、きょうだいは入れるので、きょうだいがその学校に在籍してたら、その子たちは先に優先的にそこに入れて。優先順位みたいなのがあるんですよ、一番が兄弟、二番がスペシャルニーズ（＝教育上の特別な配慮）とか。そういう優先順位があって、それを満たしていくと、うちは一学年一クラスなんで、クラスの半分以上が何かしらのコンディション（＝条件、ここでは優先的に入学を認められるための条件を指す。）でもう確保されてて、あとちょっとしか入れない、みたいな、倍率が高かったみたいで、結構、大変そうでした。うちは、家の真ん前だから大丈夫だろうとたかをくってたんですけど。すごいですね、本当に。

中島さんは学校のすぐ近くに自宅があり、学校選択では有利に働くと予想していたものの、実際には他の基準で優先的に入学できる子どもが多くいたため、学校選択という競争の厳しさを実感していた。

入学の優先順位を大きく左右するものとして、学校から自宅までの距離の近さをあげる保護者が多かった。加藤さんは「人気がある学校っていうのは半径一キロとかの間にみんなが密集していて、近い人から決まるとか、いろんな決める順位付けがあって、きょうだいがいる、近い、あとは、大体それが多いんですけど、そういうのもあって、第一子をとにかく入れたい所に入れるためには、近くに住むっていうのはもう鉄則みたいな感じで」と居住地選択の重要性を語り、希望の学校に通うため学校近くに居住地を選んで移り住んでいた。

本調査の対象者である保護者の子どもが通っていたのは公営学校であったが、公営学校の種類や学校ごとに入学の基準が異なっている。小川さんは子どもをキリスト教系団体が運営する有志立補助学校（voluntary-aided school）に通わせていたが、就学先を選ぶ際に教育水準局の学校評価で「カトリックの方がいい」と感じたことや、夫がたまたまカトリック信者で、夫方の祖母の勧めで子どもに洗礼を受けさせていたこともあり、「洗礼式やってますみたいな証明を出したら絶対入れる」という情報を得て、その学校を就学先に選んだ。一方、石井さんも同じ地区に居住していたが、特定の宗教の信徒ではなかったため、第五希望まで記入できる申請書（application）に第四希望までに希望する学校名を記入し、保護者間での評判があまりよくない学校に行かないように「絶対入れないいって分かってる宗教系の」学校を最後の第五希望に記載した。つまり、特定の宗教の信徒であるかで、学校選択の行動には違いが見られた。

また、入学基準が変動しやすく曖昧であることについてもしばしば語られた。例えばロンドンのウェストミンスター（Westminster）地区の入学基準を参照すると、前年度に募集人数を上回る定員を受け入れている学校ではより厳しい入学基準が適用される可能性があり、希望する学校のナーサリークラス(8)に通園していたとしても就学が保障されているわけではないことや、兄弟が通っている学校であっても就学が必ずしも有利になるとは限らないことが指摘されている（City of Westminster 2023: 4）。石井さんは、こうした学校選択の基準の曖昧さについて「きょうだいが何人いるかなんて、申し込みがあるまで分からないじゃないですか。この道（＝通り）にいたら、ここっていうのがないんですよ。この道の中にいても、その学年で申し込む人が定員を超えていたら、入れないいじゃないですか」と語り、年によって基準が変動することに不安を感じていた。

さらに保護者は、どの学校が子どもにとって最適なのかを判断するために、いくつもの学校を見て回っていた。学校選択制では、希望を複数出させる自治体が多い。このため、保護者は第二候補以降の学校の選定にも時間を要していた。このことについて、ニコリクさんは、「そんなに多くないですよ。五、六校だったかな。二校だけではなかったかな……。自宅から一番近いところと、評判が一番良いところも見に行きました」と語っている。

彼女のこのような語りから、五、六校見て回るのはごく普通の保護者の行動であることがうかがえる。

このように保護者は、学校選択という競争の厳しさに驚きや戸惑いを抱きつつも、情報を獲得することにより、徐々に「競争に参加する保護者」という構えを獲得していった。しかし、この競争には基準の曖昧さが伴い、保護者は不安を抱えながら長い探索を行っていた。

② 学校選択をめぐる競争からの一時的な離脱

学校選択制の仕組みを理解し、早期から居住地選びや情報収集を行う保護者がいた一方で、学校選択制そのものを十分に理解していないために学校に関する情報を吟味せずに就学の希望を出した保護者もいた。また学校選択制の競争の厳しさを知り、距離を置こうと考えた保護者もいた。ただしこうした保護者も、学校選択制に関する情報に触れる中で、学校選択をめぐる競争にのる保護者という構えを徐々に獲得していった。

中島さんは日本で生まれ育ち、第一子が生まれる数年前に渡英したため、イギリスの学校選択制には馴染みがなかった。また、「旦那もともと私立学校（private school）に行ってたので」、「公立教育についてはあんまり知らな」い状況にあったため、「上の子のときは、一番近い所に行かそうっていうだけで、別に選んだりしないで、借りた所がちゃんとした、すごい人気校の学区内に偶然あって、いい感じにいけたっていうだけで、後からみんなに『ラッキーだったね』って言われました。でも、そのときは、何も、私もそんなに知らなくて、本当にラッキーだったな」と感じていた。

中島さんの語りは、4①および4②で触れた保護者の語りとは異なり、事前に情報収集や模索する過程を経ずに、たまたま「すごい人気校の学区内に」引っ越して就学できたことが分かる。ただし中島さんは引っ越しをする際に、「どこに住むかってなったときに、主人が職場の人に聞いて。そしたら職場の人が、A地区じゃなくて、

B地区のほうが学校もいいし治安もいいし、ミドルクラスだから、B地区に行けって言われて」、引っ越し先を決めたという。このように学校選択制を意識する前段階から、保護者は子どもの教育環境に関する情報をインフォーマルに入手し、学校選択制に対する構えを醸成していたことが分かる。中島さんはその後、借家から引っ越しを検討する際に「二人目（の就学先）はちゃんと考えて、今の家、買うときも場所は考えて決めました」と語っており、第二子の就学においては学校選択制を十分に意識した行動をとっていた。

田中さんは学校選択制が敷かれていることを把握してはいたものの、「家とか、すぐに売りに出されたら、もう一週間以内に次の買い手が見つかるぐらい、みんな多分そうやって、いいエリアに子どもを引っ越しさせたいやろなっていう。競争についていけなかったですね」と語った。そして競争から距離を置いて「もう諦めて田舎にってところも（気持ちとして）ありました」と語り、さらに就学先について「田舎なんであんまりないんですね、エリア内にも。一つの村に一つみたいな」と語っていたことから、選択肢の少ない中で子どもの就学先を決めていたことが明らかとなった。ただし田中さんが子どもを通わせていた学校は、当時の教育水準局の評価で四段階中の上から二番目に当たる「良い（good）」の評価を得ており、教育水準も高かった。この点について田中さんは就学先の希望を出す際に「周りのお母さんたちの話を聞いていて、評判も良かったんで、じゃあ一番近い所で希望を出して、近い順に希望を出して」いたと語った。

このことから、学校選択制に関し、居住地の選択という負担の大きい行動とは距離を置こうとしていた保護者であっても、周囲の保護者からのインフォーマルな情報に触れることによって、教育水準の高い学校を選択するという学校選択制の構造に組み込まれていったことが分かる。

以上のように、学校選択制のもとで、保護者は子どもが幼いころから厳しい学校選択の競争に晒され、就学に向けて必要な情報を取捨選択しながら「学校選択制に参与する保護者」としての構えを獲得していた。また、学校選択制とは一定の距離がある保護者もいたものの、日常的に学校選択制に関する情報に触れる中で「学校選択制に参与する保護者」という構えを醸成せざるを得ない状況に置かれていることも明らかとなった。

5．段階的な移行のもとでの障壁の低さ

今回の調査からもう一つ明らかになったことは、初等教育機関への就学において、レセプションクラスの選択が大きな負担となっていたものの、それが決まった後は、就学前教育から初等教育への移行にいくつかの段階が設けられていたため、保護者には就学の障壁が相対的に低く感じられていたことである。また、それぞれの段階における子どもや保護者への負担も、日本と比較すると小さいため、子どもも保護者も大きなギャップに直面せずに、学校生活に移行していた。

① 保護者による準備の少なさ

段階的な移行を支える一つ目の要素は、保護者による準備の少なさである。具体的には、学校生活における保護者の関与の必要な宿題や準備物の少なさが挙げられる。四章において日本の就学時の負担として、保護者の関与を前提とする準備物や宿題を指摘しているが、イギリスは対照的な状況であることが分かる。

筆者が入学時に必要な学用品について尋ねたところ、保護者の多くが学用品をほとんど準備しなかったと語っていた。これは日本において小学校の入学時に学用品の準備の大変さがしばしば指摘されているために、筆者が質問した事項であった。また、入学の際の不安や苦労を伺った際に、学用品の準備を挙げた保護者は一人もいなかった。例えば石井さんは、「学校から言われて準備なんて、制服とかぐらい」と語り、学用品の準備の少なさ

に言及していた。そのため就学については、「心配もそんなに」感じず、「何とかなるだろう」と考えていた。

また小川さんは、学校のロッカーに学用品を置いたままにできるため、自宅から準備するものが少ないと語っていた。

調査者：学校に行くときのお子さんの持ち物って、さっきお話伺いましたけど、バッグと教科書とかは？

小川さん：教科書もないです。全部学校に置きっぱなしにしてて。

調査者：ああ、ロッカーが。

小川さん：ロッカーみたいなのがあって。イヤー3（Year3）から、鉛筆は持ってきてくださいって。

保護者が用意する数少ない学用品の中に制服があるが、制服の規定も少なく、近隣のスーパーマーケットで安価に売っている類似品でも代替可能な場合が多い。そのため、保護者にとっては金銭面において、比較的負担を感じることなく制服を揃えることができていた。田中さんは、就学時に購入した制服に関して、「結構自由がきくんでそんなに困らなかった」し、スーパーマーケットで売っている制服については「すごい安い」と語っていた。

調査者：あと、入学する前に準備した物ってあります？　学校から言われて。

田中さん：制服。ロゴ入りの制服を買ってもいいですし、スーパーで売られている、色だけ合ってればなんでもいいので、どこのメーカーでも。その服とか、体操の、それも色が決まってるだけのシャツとか短パンとかなんですけど、それぐらいですかね、学校前に買ったのは。あと靴。結構自由がきくんでそんなに困らなかったですけどね、用意するのは。どこでも売ってるんで、スーパーで。すごい安いですし。それぐらいですかね。かばんは支給されましたね、学校から。

また宿題に関しては保護者の関与がほとんど必要ない、あるいは提出期限が厳格に求められていないことが語られた。本調査の対象者の多くが東アジア出身者であったが、出身国での教育経験と対比させながら負担の少なさに言及した保護者もいた。

田中さんは、タブレットを使用した家庭学習について、「算数（number）の勉強するアプリみたいな。ログイン情報とかもらうんですけど、それはレセプションから、足し算とかやって」いたものの、宿題の進捗は厳しく管理されておらず、「先生たちから、『まだログインしてない子たちがいっぱいいるんで、やってくださいね』みたいな連絡が来てるのも結構いっぱい、（クラスの）半数ぐらいいた」ため、宿題を遂行させなければならないというプレッシャーに晒される状況がないと語っていた。

チンさんは台湾の出身であるが、自分の幼少期の宿題を回顧し、「五〇回。一から一〇まで数字を書きとって。一から一〇まで何回書きとるか」という反復的な内容であったと述べた。それに対して子どもの「宿題は、問題用紙が一枚配られるんです。その問題がすごく短くて」と語り、宿題が非常に少ないと認識していた。また石井さんは、子どもの宿題未提出に関して、「（先生は）なんも言ってこないです。多分、それで読み書きができなくて、学校が補助を付けなきゃいけない状況であれば言われたんでしょうけど。」と話し、課題の提出状況について学校から厳しく問われることがなかったと振り返っていた。

以上のように、イギリスでは保護者による準備物や宿題への関与の少なさが就学の特徴として語られた。前記の内容は、日本の就学の特徴について言及した四章の「学校からの時間的余裕のない求め」とは対照的であることが分かる。四章では、就学時の準備物の多さや名前書きの煩雑さ、そして共働き世帯に対する宿題の関与の負担の大きさが語られていたが、イギリスでの保護者調査からは学校が学用品を提供したり、宿題に対する学校側の要求が低いことがうかがえた。

② 心理的障壁の軽減のための取り組み

段階的な移行を支える二つ目の要素は、心理的障壁を軽減させるための学校側の細やかな配慮である。レセプションクラスに入る際に学校が設定する保護者面談や入学体験によって、保護者が就学に関して抱える不安や疑問が解消されていた。このような入学前後の活動については、サンダースほか(2005)の調査においても、保護者の不安を解消する取組みとして挙げられていたが、具体的な内容については触れられていなかった。なお、以上の円滑な移行を目的とした学校における取り組みは、イギリスでは移行支援活動/実践(transition activities/practices)と呼ばれている。

イヤー1の就学前の取り組みについて、中村さんは、入学説明会が二、三回行われ、その時点で既に新しいクラスのメンバーや担任の先生と顔を合わせる機会があったと語っていた。

中村さん:入学説明会みたいなのが確か二、三回あって、子どもも連れて行って一時間ぐらいとかなんですけど、新一年生のメンバーの顔合わせみたいなの、保護者と離れて子どもたちと先生だけで一時間ぐらい過ごすみたいなのを二回ぐらいやったかなって感じですね。一応日本に比べると始まる年齢が早くて、説明会してる時点でみんなまだ三歳とか四歳とかなんですよね。その状態だったので、もう泣く子とかすごいいっぱいいて、かなり日本の小学校と全然、保育園の雰囲気だったんで、そういうイベントが一応顔合わせというか、慣らしのためのイベントがありました。

多くの学校では、レセプションクラスに入る前に、体験入学や保護者説明会が設定されていた。体験入学では、担任発表や学校案内があるため、子どもは学校の環境を把握した上で学校に入学することができていた。また、入学前に面談が設定されている学校もあった。ニコリクさんは、レセプションクラスの先生が自分の子どもが通うナーサリースクール（nursery school）にまで訪問に来てくれて、その後で家庭訪問にも来てくれることについて「すごくいいな」という印象を持っていた。

ニコリクさん：イギリスの先生って、実際に家まで来て、子どもに会ってくれるんですよ。最初、ナーサリー（スクール）まで子どもに会いに来てくれて、その後、家に来るんですよ。つまり担任の先生とアシスタント・ティーチャー(9)が家に来るんですよ。それでまた先生たちに会う機会ができるし、先生も長女に会えるんですよね。うちの子は先生が好きだし、先生たちが家庭訪問してくれるのはすごくいいなって思いますね。

また加藤さんは、家庭訪問の際の先生とのやり取りに関して、自分の子どもの特性を伝えただけでなく、「先生のキャラクターを知る」ことが、レセプションクラス入学前の不安の解消につながったと語っていた。

調査者：面談、お子さんのこと話すっていうときは、どういうこと質問されたとか覚えてますか。

加藤さん：どういう活動が好きかとか、そういうのは言ったと思うんですけど。何に興味を持っているとか、あと性格とかですかね、ちょっとシャイなんですみたいな話したりとか。あと、家では日本語ですとか、兄弟が何年生ですとか、そういう自己紹介的な、子どもの紹介みたいなことを話したのと、ちょっと何々がまだできないんですよねみたいな、そういうのも現状として話したかなって思うんですけど。何ができないって言ったかな。シャイですぐにはしゃべらないかもしれないとか言ったのかもしれない。でもそういうのって、その年齢だと全然、普通ですよみたいな、先生の軽い返しがあったりとか、でも、そういうので多分お互い、先生も親のキャラクターを知るし、私たちも先生のキャラクターを知るじゃないですか。ちょっとフランクな感じでよかったわみたいなのとか。

また、レセプションクラスへの入学後の学校側の配慮について、中島さんは家庭訪問が印象に残っていると述べた。中島さんにとっては家庭訪問が就学に関する不安や疑問を解消する機会となっていた。

中島さん：(学校は）九月一日から始まるんじゃなくて、最初の二週間ぐらいは、ホームビジット（home visit）っていって家庭訪問をするのに使って。その教師たちが、それぞれ、子どもたちの家、一人一人、家庭に行って、そこで、その家の環境の中で先生が子どもにあいさつして、こんにちは、初めましてとかいって、九月から何々だよとかっていって。そこで、その子どもと親がいる所で親と話をして、何か問題ありますかとか好きなものはなんですかとか、嫌いなことは何ですかとか、どういう子ですかとか、どういうふうにしてますか、色々そういう質問を先生がして、親の不安に思ってることありますかとか、そういうのも聞いてくれたりするし、親が疑問に思ってることもそこで聞ける。

③　円滑な連絡手段の確保

段階的な移行を支える三つ目の要素として、円滑な連絡手段の確保が挙げられる。イギリスでは主にオンラインツールを用いながら、保護者と教師間、あるいは保護者間の連絡を円滑にとっていた。そのため、保護者はレセプションクラスに就学したあとも、学校からの情報が十分に得られていると感じており、学校とのやりとりに関する不安や疑問についてさほど語ることはなかった。

学校での連絡手段について対象者の語りから明らかになったのは、レセプションクラスへの入学前後で、オンライン上の保護者の連絡グループが作られることである。そして学校の行事や準備物に関する情報はまとめ役の保護者から全体に共有されたり、疑問がある場合は、取りまとめ役の保護者が教師に質問をしていた。さらに保護者一人ひとりも教師とオンライン上で個別に連絡が取れるようになっているため、情報伝達や学校側とのやりとりは十分にとれていると多くの保護者が語っていた。また学校からのおたよりや書類については、何人かの対象者がオンライン上でのアクセスの仕方を実際に見せてくれ、それによっていつでも容易に情報を得ることができると話していた。

加藤さんは「レセプションの（入学の）ときに、先生がそれをちゃんと言ってくれました。ワッツアップ（WhatsApp）(10)グループがある、みんなに、入りなさいみたいな」と声を掛けてくれたことで、就学時から保護者間での連絡手段が確保されていたことを語っていた。さらに実際のオンライン上の保護者のやり取りに関して加藤さんは、「本当にささいなレベル、例えば、明日、遠足だけど何時だっけみたいな、そういうこともワッツアップ上でやったり、いついつって学校休みになるんだっけ？とか、そういう、いろんな日程の確認とかも、みんなお互いにそこでリマインドし合ったり、何週目が終業式、最後の日はお迎えちょっと早いよとか誰かが言ってくれたりして、忘れてたみたいなのとか言ってくれるので、日々の、あと、うちの子どもが水筒をなくしたんだけど、誰か間違って持ってってない？とか、そういういろんな、洋服とかの落とし物、なくし物系の連絡と、時間とか休みの日とかの連絡と、あと宿題、これ何だっけみたいなとかを、結構そのワッツアップグループがかなり大事ですね」と語り、学校生活における日々のささいな疑問や不安を解消するうえで、連絡グループが重要な役割を果たしていると認識していた。

またイヴァノヴァさんは、取りまとめ役の保護者を通じて教師に質問ができること、そして保護者一人ひとりも教師と個別に連絡する手段をもっているため、学校からの情報を十分に得られているという認識を示していた。

イヴァノヴァさん：そうですね、ワッツアップで情報を共有してくれるのは、積極的にとりまとめをしてくれる親で、そういう人たちが毎年ワッツアップグループを作ってくれるんですよね。それで、グループに追加して欲しいか、そういう連絡が不要か、って訊いてくれるんですよ。グループに入ると親の間でたくさんやりとりがありますね。フェイスブックグループもあるし。情報はいつでも手に入りますね。先生ともやりとりはありますけど、もし気になることがあったら、メールで訊きますね。チャットができるので。いつでもチャットができますし、もし必要なことがあればいつでも連絡がとれます。

以上の語りから、イギリスではオンラインツールを活用することによって情報保障を行うだけでなく、学校側が保護者同士の連絡ツールを作るように促したり、取りまとめ役の保護者との情報伝達を行うことによって、情報伝達の効率化を図っていることも明らかになった。

④　学校環境とカリキュラムの段階的移行

段階的な移行を支える四つ目の要素として、学校環境とカリキュラムの段階的移行が挙げられる。レセプションクラスの教室環境やカリキュラム内容は、就学前教育機関との親和性が非常に高く、子どもにとって移行がしやすい状況となっていた。その後、学齢が徐々に上がるにつれて、椅子に座り、教室に向かう時間が増えたり、カリキュラムの内容が遊び中心から教科教育中心へと移行していく様子が語られた。

小川さんは、レセプションクラスに入学したあとは同じ学校の一年生に進学するため、学校段階が変化したというよりも、滑らかに進級していくような印象を受けたと語っていた。

小川さん：いやもうそのレセプション入ったら自動的に次はおんなじ学校のイヤー1みたいな。
調査者：じゃあ色々準備するものがあったりとか、来年から九月から一年生だねとかそういうのは（笑）
小川さん：そういうのはなく普通にもう移動する。スーって移動する。

イヴァノヴァさんは、レセプションクラスの学習内容を振り返り、「レセプションはまだナーサリーっていう感じがちょっとあります」と認識していた。その理由として、「歌を歌うのがちょっと多かったり、アルファベットの勉強もあったりするけど、まだ結構ゆったりとしてて、すごい楽しくて、遊び要素も多」いことを挙げ、就学前教育の内容と共通する点が多くあると感じていた。

加藤さんは日本の教育制度と比較しながら、レセプションクラスについて、「保育園って感じ」という感想を述べていた。遊びが活動の中心となっており、「勉強勉強してない」のがレセプションクラスの特徴であると指摘していた。

加藤さん：基本、レセプションって、日本の感覚からすると保育園って感じですかね。勉強はそんなしないので、やっぱり遊び時間が大事っていうか、制作するとかって子どもにとっては遊びみたいなものだと思うので、そういう中で形を認識するとか、はさみを使ったり絵の具使ったりとかっていう感じで、勉強勉強してないんですよね、レセプションって。

このように、保護者の多くが、レセプションクラスの学習内容について、就学前教育機関と同様、遊びが中心となって構成されていると認識していた。

また、レセプションクラスの教室環境の大きな特徴として、机と椅子のないカーペットのみの空間がある。高野・堀井（2013）はロンドンの初等教育機関を事例として、カーペットに座っている時間を徐々に少なくし、机と椅子を利用する時間を増やすことによって、学校教育への円滑な移行が行われていることを指摘しているが、保護者においても同様の語りが見られた。

加藤さんは、レセプションクラスからイヤー1、そしてイヤー2へと移行する過程において、「レセプションのときよりカーペットタイムが短くなって、テーブルに着く時間が長くな」り、カーペットタイムは「最後、イヤー2ではもうなくなったんだと思います」と、活動形態の変化について話した。

⑤　移行後の学校における支援

段階的な移行を支える五つ目の要素は、「移行後の学校における支援」である。保護者からは移行前だけではなく、イヤー1への移行後の学校生活における支援があることが語られた。それによって、子どもも保護者も学校生活の適応において段差をさほど感じることなく過ごしていた。

移行後の学校生活における支援について頻繁に語られたのが、個のニーズに応じた支援である。学習面において課題が見られる生徒については、アセスメントを学校が実施して、ニーズに応じた支援を実施したり、宿題や授業で行う課題の難易度を変更したりするため、保護者は学校生活に不安をさほど感じることなく、子どもを通学させていた。小川さんは、長女の学習面での遅れについて、学校が早急に対応をとってくれたと語っていた。

小川さん：リーディングが全然上達しないし、ライティングもすごい間違えるし、dとpと、なんやったかな、bがすごいごっちゃになったりとか、九と六がこう分かんなくなったりとか。で、テスト受けて、ちょっと（学習障害の）疑いがあるからサポート受けましょうみたいな。

調査者：学校でテスト受けさせてくれるんですか？

小川さん：それは学校に来てくれたのかな、言語療法士（language therapist）みたいな人。

イヴァノヴァさんは自分の子どもを生まれつき敏感で繊細な子ども（Hyper Sensitive Child）と表現し、乳幼児期から感覚過敏などの特性があったために、育てにくさを感じていたと述べた。教科学習が増えるイヤー1への移行を心配していたものの、先生たちが「子ども一人ひとりのニーズに配慮してくれ」て、子どもの学校生活を「すごく支えてくれ」たと語った。

イヴァノヴァさん：レセプションはうちの長女にとってはすごく快適でしたね。まだたくさん遊んだり、個別の活動をやったりしてたので。外でずっと過ごしてて、それがナーサリーにすごく似てましたね。でも、その次のイヤー1になると勉強が始まって、先生たちは子どもに長く教室にいるようにって言うようになって。だから、うちの長女は長い時間集中しているのがすごく大変って思うようになりましたね。でも、特にうちの学校は、担任とアシスタント・ティーチャーがすごく支えてくれて。先生たちは、子ども一人ひとりのニーズに配慮してくれるんです。それってすごく大事だと思いますね。

以上のように、イギリスにおいては就学前教育から初等教育への移行にいくつかの段階が設けられていることによって、子どもと保護者にとって移行における障壁が見えにくくなっている。

6. 結果と考察

本章では、イギリス在住の保護者を対象としたインタビュー調査を通して、学校選択制のもとで、保護者が初等教育への就学をどのようなものとして経験してきたのかを分析してきた。本書の四つ目の問いである「社会全体の状況や学校制度が異なる社会において、就学をめぐる保護者の困り感や悩みはどのような点にどのような形で生じるのか」を踏まえた上で本調査から得られた知見を二つ挙げたい。

一つは、就学準備クラスであるレセプションクラスが保護者にとっての就学の節目であり、就学先を早期から探索することへの負担が語られたということである。イギリスにおいては多くの自治体において初等教育機関における学校選択制が採用されており、そのため保護者にとっては、就学における学校選択が大きな関心事であることが明らかとなった。就学先を選択する際、保護者は学力のみならず、周囲の保護者の口コミや、学校の雰囲気といった公的情報以外の多岐にわたる情報を取得し、まだ幼い子どもの特性を考慮しながら、思案し、模索していた。さらに、各学校の受入れは、その年の希望者の多さや入学を希望する児童にきょうだいがいるかどうかなどによって結果が変わる可能性があり、入学基準が変化する可能性がある。保護者はこのことについて不安を常にもちながら就学までの時間を過ごしていた。

もう一つは、レセプションクラスの入学段階で、就学先を選択するまでの負担が重く語られる一方で、就学前段階であるレセプションクラスから就学後のイヤー1への移行にはいくつかの段階が設けられており、就学前教育から就学後への移行そのものはなめらかなものとして経験されているということである。具体的な段階としては、就学前に実施される体験入学や就学前後の教師との面談によって就学時の不安や疑問が軽減される機会が設けられていた。さらに就学時の準備物の少なさや、安価な学用品を活用できることも、就学時の段差を感じにくくさせる背景となっていた。さらに就学後も、保護者と教師との連絡手段が確保されていること、カリキュラムや学習環境が段階的に変化していくこと、そして個のニーズに応じた支援がなされることによって、子どもも保護者も学校生活への順応が容易となっていた。

なお、本調査ではイギリスにおけるイヤー1への就学のなめらかな移行を支えるものとしてカリキュラムが挙げられていたが、イギリスにおけるレセプションクラスからの早期教育カリキュラムの導入は幼児教育の「学校化（Schoolification）」と呼ばれ、子どもを主体とした遊びよりも学校文化への適応を重視しているという批判がなされていることについても留意したい（UNESCO 2010）。その一方で、保護者の語りから、教育カリキュラムの導入だけでなく教室環境の段階的な変化や宿題の負担の少なさといった学校側の配慮が合わさることによって、なめらかな移行として捉えられていることも明らかとなった。

イギリスの初等教育への就学については、就学前教育から初等教育の移行におけるカリキュラム上の接続や保護者の社会階層に起因した学校選択の不平等の問題が、研究としても政策的にも取り上げられてきた。しかし本調査の知見に基づけば、保護者が移行のしやすさの背景として言及していたのは、準備物の少なさや宿題の負担の少なさといったカリキュラムの範囲を超えた学校のさまざまな配慮や取り組みであった。この点は、保護者の生活に直結した事柄が当事者にとって多大の負担になっていることを示すものであり、日本の現状を考える上でも多くの示唆に富む。

注

（1）イギリス（the United Kingdom）はイングランド、ウェールズ、スコットランド、北アイルランドの四つの国から成る連合王国であるが、本章ではイングランドの研究成果を中心に検討する。

（2）インタビュイーの選定にあたってはジェンダーのバランスが偏らないように試みたものの、スノーボール形式で協力者を募ると、調査に積極的に協力の意思を示してくれたのが母親であった。そのため、本調査ではインタビュイーのジェンダーに偏りがあることを留意しつつ分析を行った。

（3）イングランドの初等学校（primary school）の校種は、公費によって維持される公営学校（state school）と公費補助を受けない独立学校（independent school）の二種類からなる。公営学校の中にもいくつかの種類があり、本章の対象者の子どもが通っていた校種として、企業や宗教団体の影響を受けず、国のカリキュラムに沿って運営を行っているコミュニティ・スクール（community school）、宗教団体に代表者が運営することが可能で運営の自由度が比較的高い有志立補助学校（voluntary-aided school）などがある。また近年増加しているのが、国の直接補助によって維持されるが設置や運営面では独立学校に近いアカデミー・スクール（academy school）である。（独立行政法人労働政策研究・研修機構 2023; GOV.UK 2023a, 2003b, 2003c, 2004d）。

（4）導入状況について「導入している」という教育委員会のみ対象とし、「導入していないが今後導入予定」といった調査実施時点で導入をしていない教育委員会は除外した。

（5）教育水準局による学校評価は二〇二三年の時点で四段階となっており、インタビュー対象者が子どもの就学をめぐる経験を回顧した時期と大きな変化はない。具体的には、評価が高い順番から「優（outstanding）」「良

(good)」「要改善（requires improvement）」「不適切（inadequate）」となっている（GOV.UK 2023）。そのため、対象者の小川さんが語った「平均以下」というのは「要改善」より低い評価を指していることが分かる。

（6）（　）内は筆者による補足である。

（7）英語で行ったインタビューのスクリプトについては、筆者が邦訳を行った。

（8）イギリスは日本と比較して多様な就学前教育施設が存在する。代表的なものとしては、デイナーサリー（Day nurseries）、ナーサリースクール（Nursery schools）、ナーサリークラス（Nursery classes）、プレスクール（Pre-schools）、チルドレンズセンター（Children's centres）がある。本章で触れられる言葉として、ナーサリースクールとナーサリークラスがあるため、「ナーサリー」が含まれるデイナーサリーも加えて、これらの施設について概説したい。ナーサリースクールは教育関係省庁の管轄下にあり幼児教育を行っている一方で、デイナーサリーは福祉関係省庁の管轄下にあり乳幼児の保育を行っている（埋橋 2011）。ナーサリークラスもまた教育関係省庁の管轄下にあり、インファントスクール（infant school）か初等学校に一部組み込まれる形で存在している。ナーサリースクールが幼児の健康と福祉を推進しているためにより高価な選択肢として捉えられている一方で、ナーサリークラスは比較的安価かつ学校教育へ移行しやすい選択肢と捉えられている（Palmer 2016）。

（9）アシスタントティーチャーとは、正式にはティーチャーアシスタント（Teacher Assistant）を指す。担任教師の補佐的な役割を担っている。教師は資格として学士号あるいは一六歳で実施される義務教育段階修了試験であるGCSE試験でgrade4 以上の成績をとる必要があるが（Department for Education 2024）、ティーチャーアシスタントはカレッジでのコース履修、ボランティアあるいは直接の応募など比較的緩やかな要件でその職に就くことができる（National Careers Service 2024）

（10）インスタントメッセンジャーアプリの一つである。調査対象者の多くが日常生活で頻繁に利用しているアプリとして挙げていた。

終章　保護者と子どもが安心して就学を迎えるために

今日、家庭の状況や学校教育をめぐる状況が大きく変動し、家庭―学校―社会の関係はますます複雑化している。この状況を理解するうえで注目すべき現象として、「小一の壁」の社会問題化がある。「小一の壁」とは、子どもが小学校に入学する際、就労する保護者が直面する問題であり、子どもの就学と保護者の就労の間に軋轢が生じていることを示している。一見するとこれは新しい問題のように見えるが、家庭と学校の間の軋轢は、日本に学校教育制度が導入された当初から見られた。もっとも明治時代や戦後の新制中学校設立時に軋轢が生じたのは、子どもの就労と就学の間であった。これに対し現代では、保護者、とくに母親の就労と子どもの就学の間に軋轢が生じている。今の保護者は、子どもの学校適応に対する不安だけでなく、自身の仕事の継続についても困難や不安を抱えており、学校や行政に改善を求める声が高まっている。「小一の壁」は新聞やインターネットでも頻繁に取り上げられており、政府や自治体もこの問題への対応を重視している。二〇二四年秋には、こども家庭庁が「小一の壁」の実態調査を行う予定だと報じられた。

本書は、このような「小一の壁」の社会問題化に注目し、この問題の検証として、なぜいま「小一の壁」が注目されているのか、保護者たちは本当のところは、自分の子どもが学校に通い始めることをどのように捉えているのかを明らかにした。そして、それらの課題の解明を通じて、いまの日本社会における学校と家庭の関係や、国や社会と家庭との関係について理解を深めることをねらいとした。そして以上の課題を追究するために、本書は四つの問いを立てて分析を進めた。また、教育臨床社会学の方法論に基づき、教育現場で生じている問題がマクロ、メゾ、ミクロの三つのレベルに層化していることに留意し、問題のレベルに応じてふさわしい方法論を選択した。

マクロレベルでは「小一の壁」言説の構築やこの問題に関する政策の流れを把握した。また、日本社会全体を覆った新型コロナウイルス感染症の感染拡大の影響や、就学の制度や文化の異なるイギリスでの調査も実施した。その上で、就労する保護者を含め、様々な状況下で生活する保護者が、ミクロレベルで子どもの就学時に経験している思いや困難を明らかにした。さらに、障害のある子どもに対する特別支援学級での支援や、母子生活支援施設における職員の支援など、就学における支援の意義についても分析を進めた。

なお、メゾレベルというのは、学校や各自治体行政等による組織としての実践を指す。本書ではこの点に焦点を絞って分析した章はないが、各章での分析の中には、学校や自治体の在り方に課題があることはしばしば指摘されてきたことである。社会全体の制度や言説の構成などマクロレベルで見られる課題の解決は一朝一夕にはできないが、メゾレベルで見いだされた諸課題の改善を図ることで、より迅速に問題に対応することができる。また、クラスの中での個々の教師の対応など、ミクロレベルで留意しておきたい点についても様々な知見が得られた。

以上を踏まえ、終章では、二章で立てた四つの問いに対する各章の分析結果をまとめた上で、「小一の壁」が社会問題化している現代日本社会は、どのような様相を帯びつつあるのかについて考察する。そのうえで、すべての家庭の保護者と子どもが安心して就学を迎えるための方策を、マクロレベル、メゾレベルならびにミクロレベルのそれぞれにおいて検討する。

1．四つの問いに対する知見のまとめ

本書が掲げた一つ目の問いは、なぜ現在「小一の壁」が問題として注目されているのかという点であった。三章の分析によると、その背景には、共働き世帯の増加が挙げられる。一九六〇年代の高度経済成長期に雇用労働が一般化した際、夫が働き、妻が家庭を守る専業主婦世帯が増加した。しかし、一九八〇年代以降、共働き世帯が増加し、二〇〇〇年を超える頃には専業主婦世帯と共働き世帯の数が逆転し、二〇〇五年頃から両者の差が広がっていった。新聞紙上で「小一の壁」が取り上げられるようになったのは、この差が明確に開き始めた二〇〇七年、二〇〇八年頃からである。共働き世帯が主流となるにつれて、働きながら子育てをする人々の声が注目されるようになり、その声に共感を寄せる層も増加していったと考えられる。

しかし、「小一の壁」の問題が社会的に注目されたのは、こうした家族の変化だけではなく、政府がこのことを重大な問題として積極的にクレイムをつけていったことが強く影響している。第二次安倍内閣の経済政策（アベノミクス）の成長戦略「日本再興戦略」において、女性労働力の活用が重要視され、待機児童問題と並んで「小一の壁」の解決が求められるようになった。これに伴い、二〇一四年には放課後子ども総合プランが策定され、二〇一八年には新・放課後子ども総合プランが続いた。これにより、学童保育（放課後児童クラブ）の拡充や、開所時間の延長がなされてきた。

このように見ていくと、「小一の壁」は、当初は働く母親たちの悩みをマスコミが拾い上げて記事にしたものだったが、二〇一〇年代半ばになると、政府が国家経済戦略上の重要課題と見なし、早急な解決を求めていくよ

うになったことが分かる。二〇二三年、当時の岸田文雄首相が「小一の壁を打破することは喫緊の課題だ」と述べたのは、この政策の流れに沿ったものであり、また、こども家庭庁が二〇二四年秋に実態調査を実施するというのも、この政策の延長線上にあると考えられる。

「小一の壁」の問題構築においては、二〇一〇年代半ばに当時の安倍晋三首相が率いた内閣の役割が非常に大きかった。同内閣では、この問題が経済成長の阻害要因として位置づけられたため、学童保育の拡充や保育時間の延長、学校の開門時間の調整など、母親たちが就労しやすい環境づくりが進められた。ここで強調されたのは、母親の労働力としての価値であり、働く女性の活用が政策の主眼に置かれていた。しかし、そのような問題意識では、就学する子どもを持つ様々な保護者が抱える困難を適切に捉えることはできないのではないか。

以上の問題関心に基づいて、二つ目に発した問いは、「小一の壁」が注目されている中で、就労する保護者は、実際はどのような問題を抱えているのかであった。さまざまな働く保護者にお会いして話を聞いた結果明らかになったのは、彼らは、「小一の壁」として指摘されている問題、たとえば学童の閉室時間が早いことに困っていたものの、その他にも様々な問題に悩んでいたことであった。

彼らの悩みの一つは、保護者が携わる仕事の性質や、職場での彼らのポジションに関わっていた。終業時刻は学童に間に合う時間に設定されていても、急な残業が入る場合もあれば、職場で管理的なポジションに就いていたため、定時になってもすぐに帰ることは難しいという保護者もいた。そうした諸事情を抱えていたために、彼らにはお迎えの時間を調整することは相当に難しかったのである。しかし、だからといって夜遅くまでの長時間保育を民間施設に求めれば、保育料は非常に高額となり、反対に子どもの就学に際し、職場に時短の制度を申請すれば、キャリアに響くおそれもある。こうした一人ひとりの保護者が抱える諸事情は、「小一の壁」をめぐる議論ではほとんど考慮されてこなかった。

また、四章の分析でもう一つ浮かび上がったのは、学校側の対応の問題である。就労する保護者が増加しても、学校は保護者に対する対応を大きく変更しようとはしていない。学校は保護者の多くが就労していることにほとんど配慮することなく、これまでと同様に、学用品の準備や子どもの宿題のチェックを保護者に求めている。また、就学により、子ども自身も生活リズムが大きく変わり、ストレスや疲労が溜まっていく。保護者はこうした子どもの様子を案じるが、就学後は、このような子育ての悩みを相談できる相手も機会も少なくなる。その背景には、就学前の保育園や幼稚園の時と比べ、就学後は、保護者同士の関係や教師との関係が築きづらくなることが影響している。保護者は子どもが就学すると、孤立感を強め、子育ての不安を感じやすくなってくるのである。

以上のように、就労する保護者が抱える困難は、就業時間の長さということだけではなく、仕事上の諸事情、学校の在り方、子どもの就学後の人間関係の変化などにも規定されている。そのために、就労する保護者は、子どもの就学後、就労と子育ての間で綱渡りのような生活を強いられ、「余裕時間」のないままに、なんとかこの時期を乗り切らなくてはならなくなるのである。

第三の問いは、世帯の状況や子どもの成育の状態が保護者にどのような影響を及ぼしているのかであった。この問いについて考えるため、本書では、ひとり親世帯の保護者を対象とした調査と、子どもに障害があり小学校の特別支援学級に就学させた保護者を対象とした調査を実施した。もちろんこれ以外にも、たとえば介護を必要とする高齢者が同居している世帯や、日本語をほとんど理解できない保護者の家庭など、多様な世帯が存在する。しかし、本書では、研究予算やリソースの制限のために前記の二タイプの家庭に絞って調査を実施した。

五章では、ひとり親世帯、具体的には母子世帯の抱える困難についての分析を行い、以下の点が明らかになった。まず、ひとり親世帯では、保護者が仕事と育児を一手に担っているため時間の調整がかなり難しい。このため、彼らには就学のための準備は相当に困難であり、中には行政から援助を受けるための必要な手続きも執れないでいる保護者も見られた。

また、ふたり親世帯はある程度の経済的余裕があるため、学童保育などにはいくつかの選択肢が用意され、そのことで彼らの悩みが生じることがあったが、ひとり親世帯の保護者にとっての悩みは、周囲からの支援が少なく孤立しやすいことであった。

なお五章では、母子生活支援施設に住み、職員から様々なサポートを受けながら暮らしている母親にも話を伺った。ここから分かったのは、ひとり親世帯の保護者に対する支援の効果である。母子生活支援施設に住む母親は、職員から入学手続きや、子どもの登校支援、学習習慣の定着支援などを受けることにより、就学準備や学校との連携をスムーズに進めることができていた。施設は母子世帯に対して住居の提供をしているだけではなく、こうしたミクロな様々な支援を日常的に行うことで母子を支えていた。

六章では、特別支援学級に子どもを就学させた保護者の経験を明らかにした。子どもを就学させるという点では、障害のある子どもを持つ保護者も他の保護者と同じ過程を歩んでいたのだが、そのことの経験のされ方は大きく異なっていた。調査対象となったのはすべて母親であり、彼らは「障害者の母親」として、他の保護者から分化した生活世界を構成していた。就労する母親が増えている中で、対象となった障害のある子どもを持つ保護者の多くは、専業主婦や時間の限られたパート就労であった。彼らは子どもの出生から就学までの長い期間にわたり、障害に対する不安や困難を抱えてきた。そして、専門家への相談や他の保護者とのネットワークを通じて、適切な学校や施設を探し、選択するという長い道のりを辿ってきた。そして、その結果として、彼らは小学校の特別支援学級への就学を選択した。こういう長い過程を経てきた彼らは、特別支援学級への就学を安心感をもって受け止めていた。ただしその一方で、保護者はこの選択により、子どもの将来の選択肢が狭まることを懸念してもいた。

なお、六章で対象としたのは、特別支援学級に就学させた家庭の保護者に限られている。障害のある子どもの中には、特別支援学校に就学する子どももいれば、通常学級に就学する子どももおり、そうした場合の保護者の経験は、ここで明らかにされたものとは異なる点も多いと思われる。ただし、それでも六章の分析からは、各家庭が置かれた状況により保護者の生活世界の在り方や時間の捉え方は多様であり、子どもの就学に際して経験する内容は異なっていることが見出された。

最後に、四つ目の問いとして、異なる社会状況や学校制度のもとで子どもの就学を迎える保護者は、どのような困難や悩みを抱えているのかについて検討した。この問いを立てた際に、我々はまずコロナ禍がもたらした影響に着目した。本調査研究は新型コロナ感染症が日本で感染拡大する以前から着手してきたものであり、研究の途中でパンデミックが発生した。緊急事態宣言が発令された直後には、それまで実施してきた保護者インタビューを継続することが困難となり、代替策として二〇二〇年七月にＷＥＢアンケートを実施した。七章は、この調査の結果に基づいて、この時に特有の困難を経験した保護者の声を報告したものであった。

明らかになったことの一つは、一斉休業中に子どもの就学を迎えた保護者にとっての最大の不安は、「子どもが学校生活に適応できないのではないか」ということだった。新一年生の子どもたちは学校に通い始める時期が遅れたため、集団生活への適応や友だち作り、勉強の遅れに対して不安を感じる保護者が多く見られた。ここから改めて気づかされるのは、子どもの就学時の保護者にとっての最大の関心事は、自分の子どものことだということである。「小一の壁」では保護者自身の就労をめぐる彼らの心配や困難に光が当てられるが、就労する保護者も含め、保護者は子どもの学校適応を、どのような状況であっても案じていることが分かる。

また、一斉休業中に、共働きで在宅勤務と子どもの世話を同時に行わなければならなかった保護者は、大きなストレスを抱え、心理的にも肉体的にも疲弊していた。この時も学校とのコミュニケーション不足が問題として指摘され、保護者は不安や不満を募らせていた。非常時であっても学校側は保護者への対応方針を大きく変更せず、メールなどを通じた連絡も少なかったことなどにより、保護者に「宿題を丸投げされた」と感じさせる結果となり、不満を高じさせることとなった。

八章では、学校制度の異なるイギリスでの初等学校への就学過程の様子について報告した。同国における就学の過程での保護者の経験を強く規定しているのは、学校選択制である。日本でもいくつかの自治体で学校選択制が導入されているが、イギリスではイングランド全域でより徹底して実施されている。また、イギリスの学校制度のもう一つの特徴として、四歳で入る「レセプションクラス」(就学準備クラス)が初等学校に敷設されており、五歳になると、そこからそのまま初等学校一年に進むのが一般的なことが挙げられる。

このため、イギリスにおける就学をめぐる保護者の主な困難は、子どもが四歳になる前から就学先の選択で思い悩むことである。学校選択の厳しい競争にさらされている保護者は、各学校の情報を集め、入学基準を満たすために努力していた。一方、レセプションクラスに入った後は、初等教育への移行が段階的になされるため、保護者の負担は比較的少ない。学校から求められる準備物や宿題も少なく、心理的な負担も軽減される。さらに教師との連絡手段も整っており、学校生活への適応が容易に進められている。

一連の調査で我々が話を聞いた保護者の多くは母親であり、合計で三一名に及んだ。また、いくつかの世帯では父親からも話を聞いた。さらに、WEBアンケートでは一三五〇人の保護者から、コロナ禍での経験について回答を得た。こうした様々な保護者から話を伺うことを通じて、「小一の壁」の背後には、多様な保護者の困難や思いがあることが明らかとなった。

2.「小一の壁」への対応策を再考する

それでは、以上の分析結果をもとに、改めて「小一の壁」について考えてみたい。本書では、「小一の壁」を実態としてとらえ、その現状を分析するという視点には立たず、構築主義の立場から、就労する保護者の抱える困難が「小一の壁」として社会問題化している現状はどういう状況なのかを理解しようとしてきた。

その結果明らかになったことの一つは、「小一の壁」という問題は、経済再興のために労働力として女性を活用しようとする政府により、政策課題にされてきたということである。こうした狙いの下に進められている「小一の壁」への対応策は、働く保護者が抱える困難の総体を捉えるものとはなっていない。また、保護者の生活は、就労以外にも、家族構成や子どもの成育の状態などの様々な要因により規定されており、その中で保護者は子どもを学校に就学させている。「小一の壁」という問題設定では、そうした多様な世帯の保護者が抱える様々な困難や思いを捉えることはできない。

「小一の壁」への対応策として、これまでになされてきたのは、朝の学校の開門時間を早めたり、放課後の子どもの居場所となる学童保育を増やし、保育時間を延長したりすることである。働く保護者の中には、こうした対応で「助かった」と安堵する向きもあるだろう。しかし、そのような対応策は、結局、保護者が始業や終業の時刻を変えずに働くことを前提とするもので、各家庭の努力により子育てと就労の両立を図ることを求めるものである。

つまり、「小一の壁」への対応としてなされている方策には、子育てと就労の双方を担う保護者の生活に即して職場や学校の在り方を見直すという提案は含まれていない。たとえば、いくつかの自治体では、保護者が就業時刻に間に合うように子どもを早く学校に登校させられるように、学校を七時に開門することにした。しかし、それは保護者の負担そのものを変えるわけではない。また、子どもも朝早く起きて、登校時間よりも前に学校に着いて始業を待つことになり、より多くの負担がかかることと思われる。

結局、「小一の壁」に対して対応が図られても、保護者は長時間労働を続けながら、就学した子どもの世話をするという厳しい生活を続けることとなる。働きながらひとり親で子どもを育てている家庭では、なおさらその困難の度合いが高い。また、その下で暮らしている子どもたちのしんどさを軽減することにもなってはいない。こうしてみていくと、「小一の壁」という問題設定の下に進められる政府の施策や自治体の対応策は、就学する子どもを育てるすべての保護者と子どもたちが、穏やかな気持ちで安心して暮らすことには繋がらないのではないかと危惧されるのである。

学校は就労する保護者の増加に合わせて様々な仕組みを変更することにあまり積極的ではない。たとえば、小学校の入学説明会は今も多くの小学校では平日に開催されており、その場合、保護者は仕事を休んで参加しなければならない(1)。PTAの活動も平日に開催されることが多い。

またイギリスでの調査によれば、同国では就学にあたり保護者はほとんど用意する学用品はないということだったが、日本では就学に当たり保護者は様々な学用品や袋類などを揃えなければならない。こうしたことも特段見直しがなされているわけではない。

なお、前述の通り、いくつかの自治体で学校を七時に開ける取り組みが始まった。たとえば大阪府豊中市では七時に開けて、児童を体育館などで見守るという。しかし、これは市の教育委員会から委託を受けた外部のスタッフが行うものであり、学校として対応するものではない(2)。

これらのことから分かるのは、「小一の壁」という問題設定においては、子どもの就学先の学校も、保護者の就労先の職場もそのあり方をあまり変更せず、時間的にも物理的にも学校の周辺にある学童保育などの施設や外部スタッフが、保護者の就労と子どもの就学の間に生じている軋轢を調整する役割を担っていることである。

3. 就学により家庭に課せられる負荷

本書の分析から明らかになったのは、日本では子どもの就学を境にして、就学した子どもと就労している保護者の置かれた環境が大きく変化し、双方への負荷が一気に増大することである。就労している保護者は、子どもの就学を境にして職場の他の成員と同等の長時間労働が求められるようになる。また、学校が求める時間や慣行に子どもも保護者も合わせることが求められる。つまり、就労する保護者は、子どもが就学すると、職場と学校の双方から十全の参加を期待されるようになり、タイトな時間管理、いわば「綱渡りの生活」を余儀なくされるのである。

保護者に対する行政や学校の対応は、就学前と就学後では大きく異なっている。就労については、育児・介護休業法により、子どもが三歳になるまでは時短勤務ができるように企業に義務付けられており、また、三歳から小学校入学前までの子を養育する従業員に対しても時短勤務制度の導入などが努力義務とされている。二〇二四年五月には育児・介護休業法が改正され、二〇二五年四月からは三歳から小学校入学前までの子どもを育てる従業員に対し、企業はテレワーク、時差出勤、短時間勤務などの選択肢を二つ以上用意し、従業員が一つを選択して取得できるようになった。また、子どもの預け先には、保育園や認定こども園が用意されており、保護者の就労に柔軟に対応できる体制が整備されている。

しかし、子どもが就学すると、時短勤務や時差出勤などの制度はなくなり、保護者にもフルタイムの就労を求

めるところが多くなる。(3)

一方で、就学する子どもの通う学校にも、保護者の就労に合わせてあり方を見直す動きはあまり見られない。今日の学校は、社会から要請される資質や能力の育成を図るため、以前よりも授業時数が増えており、家庭での教育の充実も求められている。つまり、学校の在り方を方向付けているのは、人材育成に対する社会期待の内容であり、当該の社会の中で各家庭の保護者や子どもがどのような状況に置かれているのかは、十分に考慮されずにいるのである。

なお、就学を転機として家庭に対する負荷が増大する背景として、家庭に対する政府からの役割期待が変化してきたことを理解する必要がある。本書の冒頭で紹介した「一年生になったら」の童謡が発表された一九六〇年代には、高度経済成長により勤労世帯が増え、それとともに専業主婦が増加した。この当時も、学習指導要領の改訂は経済成長を支える人材育成にあり、一九六八年に改訂された学習指導要領は、数学や理科で教育内容の現代化が強調され、授業時数も増加することとなった。しかし、この時期は家庭には日中も母親がいる世帯が多かった。つまり、この時期も経済成長と教育の高度化・現代化が叫ばれたが、家庭においては父親、母親の役割がそれに応じて分担されていたのであった。この背後には、性別役割分業意識が根強く信奉されていたことや、父親の収入だけでも好景気により世帯収入が年々増加していったという事情があったと思われる。

これに対し、今日においても、経済活性化と学習内容の高度化、充実が求められている。しかし、今日の経済活性化の推進は、いわゆる「失われた三〇年」を挽回するための目標設定であり、労働者の賃金は上がらず世帯収入は増えないという状況が続いている。国は女性の労働力の活性化を期待しているが、各家庭にも、共働きをしなければ安定した生活が送れないという事情がある。また並行して女性の労働に対する考え方も変化した。

こうした状況のもとで、各家庭において保護者の役割が過重化している。父親、母親ともに就労し、また子どもの教育にも携わることが期待されている。しかし、実際には多くの場合、子どものケアや教育の負担は母親に多く課されがちであり、母親が就労と子どもの教育の双方の役割を担うという構図になっている家庭が多い(4)。また、ひとり親には、この状況はますます過重な負荷をかけることとなる。福祉の支援を得られない世帯は、自己責任でこの状況を乗り切っていかなければならない。

なお、こうした状況を後押ししているのが、政府の二つの異なった動きである。先に述べたように文部科学省は、経済の変化に対応しうるのに必要な資質・能力を備えた人材を育成することを目ざして教育の高度化・充実を目指し、家庭にも協力を求めている。また、二〇〇六年に「改正」された教育基本法では、子どもの教育に対する家庭の第一義的責任が求められるようにもなった(5)。これに対し、アベノミクスの経済成長戦略では、各家庭の父親だけではなく母親も就労することが期待され、その対応策として待機児童問題や「小一の壁」の問題への対応が叫ばれてきた。

つまり、今日では教育をつかさどる文部科学省と首相サイドから別々の役割期待が家庭に課せられている。そして、その二つの異なるメッセージをもっぱら引き受けているのが母親なのである。家庭に対する過重な期待を調整する、より上位の政府機関はない。こども家庭庁は「こどもまんなか」を打ち出して設置されたが、あくまで庁のレベルであり、子育て家庭を基軸に主体的にシステムを再編成することがどこまで可能なのかは分からない。

4．就学における様々な支援の存在

なお、今回の調査において、もう一つ明らかにされたのは、就学をめぐる経験は、保護者が置かれた状況や支援の有無によりかなり異なることである。今回の調査の結果によれば、特別支援学級に子どもを就学させた保護者や、母子生活支援施設に暮らす保護者は、就学においてあまり大きな負担や困難を経験することなく子どもを学校に通わせることができていた。そこには就学をめぐる保護者の状況を改善するためのいくつかのヒントがあるように思われる。そこで、それぞれで見いだされた支援の内容を改めてみておきたい。

まず、特別支援学級で保護者が安心感を見出すことのできた理由の一つは、教員との関係の近さやコミュニケーションの多さであった。特別支援学級には障害のある子どもが在籍し、児童数は八名までと制限されている。また、担任教員のほかに支援のスタッフも配置されていることが多く、こうした環境構成も関係の近さやコミュニケーションの多さを支えていた。さらに、体験入学や入学前の説明が丁寧になされていたこと、教員の障害児に対する理解が深く適切に支援が受けられていたことなども見いだされた。こうしたことから、保護者からは、「目が行き届いて手厚い感じだったので、安心して学校に行けた」という感想が聞かれた。

特別支援学級に就学した子どもとその保護者には、就学前よりもむしろ就学後の方が手厚い支援を受けられていると感じられる面があった。就学前の保育園や幼稚園では、大人数の中で過ごすことが多い。その方がむしろインクルーシブであるかもしれないが、保護者の中には、就学前の施設では子どもの人数が多く、支援が十分に受けられなかったと感じていた者も見られた。

また、特別支援学級に子どもを就学させた保護者の多くは、就労せずに親役割の遂行に努め、子どもに適切な支援が得られるように様々な専門職や施設を訪ね、判断と選択を行っていた。そうした保護者にとって、特別支援学級への就学は、長期にわたる判断と選択の過程に辿りついた一つの到着点として捉えられていた。こうした保護者の生活や意識の在り方も、特別支援学級への就学に対する保護者の捉え方を規定しているものと思われる。

一方、母子生活支援施設での調査からは、就学時に保護者が直面するであろう様々な困難を事前に把握し、それを回避したり軽減する水先案内人の役割を果たしている施設職員の役割が見いだされた。職員は、ひとり親世帯の生活に対して様々な支援を行っていた。就学準備の買い物に同行したり、入学に必要な書類の作成を手伝ったりしていた。また、子どもの登校支援や、子どもに家庭学習の習慣を身につけさせることにも関わっていた。施設の職員から伺った話では、ひとり親の中には、本人自身が不登校など、学校に適応できずに育った者や、外国籍の方で日本の学校に不慣れな者もおり、保護者が直接学校に聞きづらいことがある場合には、職員も学校で行われる面談に同行することもあるということだった。このように様々な手だてにより、母子生活支援施設は保護者の養育機能を支え、なおかつ、困難な生活の中でもあっても親子関係が維持されるように努めていた。

以上の分析に基づけば、子どもの就学時における保護者支援として重要な要素の一つは、保護者と教員や職員との関係の近さやコミュニケーションの多さであることが分かる。また、教員や職員が保護者の生活の実態や保護者自身の学校経験や子どもの発達の状態について理解できていること、保護者の立場に寄り添って先を見通した支援がなされることも、安心した心持ちで就学の時期を過ごすことに役立っていた。こうした関係性や、保護者や子どもの十分な理解や彼らの立場に寄り添った支援により、保護者は「目が行き届いて手厚い感じ」という感覚を持てたのである。

5. すべての家庭の保護者と子どもが安心して就学を迎えるために

最後に、これまでの調査結果とそれに対する考察を踏まえ、現代日本においてすべての保護者と子どもが安心して就学を迎えられるようになるために、対応すべき課題や求められる社会の在り方について考えてみたい。

本書で明らかになったことは、社会の変化に即して子どもへの教育期待が高まるとともに、保護者への労働力期待が高まることにより、子どもを持つ家庭の負担の総量が過重になっていることである。とりわけ母親に対する期待の過重の度合いが高まっている。

マクロレベルでは、こうした社会の在り方を再編成していくことが求められる。一日は二四時間しかない。今日の日本社会では、この二四時間を保護者の就労と子どもの就学がそれぞれ切り取り、それ以外の時間を浸食している。その結果、家庭での保護者と子どもの安心や安寧が蝕まれ、「綱渡りの生活」となっている。法定の労働時間は一日八時間だが、それに三〇分〜一時間の通勤時間を往復で含めれば、フルタイムで働く保護者が仕事のために割かれる時間は一日九時間から一〇時間近くないしそれ以上に及ぶ。その上、残業が生じることも多い。教育費を含め、世帯の生活費が嵩むなかで賃金は上がらず、ある程度の世帯収入を得ようとすると共働きを余儀なくされる。

こうした状況を打開するためには、こども家庭庁が理念とする「こどもまんなか」主義を据えて、就労、就学の在り方を調整し、家庭が過重な期待を引き受けている現状を改善していくことが必要だろう。そのためには就学前の子どもをもつ世帯には認められている時差出勤や短時間勤務、テレワークなどの利用を小学生の子どもを持つ保護者にも認めていくことを具体的に検討すべきだろう。さらに筆者は四章において、製造業の工程管理における「余裕時間」の考え方を生活時間の中に組み入れる必要があることを指摘した。時間管理においては、こうした視点も必要になる。

また、現状では、学校も特段の見直しを加えようとはしていない。しかし、イギリスのレセプションクラスがそうであるように、マクロレベルでは、就学前と初等教育を統合することも選択肢としてはあり得る。もっとも日本では、就学前の保育・教育施設は多様化、市場化が進み、様々な施設がばらばらに保育・教育を進めている。このため就学前と小学校との統合が難しくなっている。

ただし、就労する保護者が増えていることや、就学前の保育・教育と小学校との不安定な接続を所与としたうえでも、メゾレベルでは、各自治体の教育委員会により、いくつかの施策を進めることは可能である。たとえば、学用品の準備負担の軽減や、保護者の生活に即した就学前の説明会の開催などが挙げられる。ただし、他方で各地の教育委員会には教員の働き方改革が求められており、それに抵触しないような対応も求められる。また、ミクロレベルでは、保護者とのコミュニケーションを密にする環境づくりが求められるが、そのためには一クラス当たりの児童数を削減することや、家庭での学習負担を減らすために宿題を前提としたカリキュラムのオーバーロードを解消することも求められる。

なお、現在の社会の在り方を規定しているもう一つのマクロレベルの要因は、言説の構成である。「小一の壁」がまさにそうであるように、我々は知らず知らずのうちに、既存の就労の在り方や学校教育の在り方を前提として問題を定義し、保護者が抱える困難に対応しようとしている。こうした言説の構成そのものを批判的に吟味し、言説の再構成を図っていく必要もある。「小一の壁」の社会問題化は、就学する子どもを持つ保護者が多くの困難を抱えていることを知らしめる上では意味があるとも言える。しかし、こうした問題の捉え方では、様々な状況の下で生活している保護者の困難を適切に捉えることはできない。今求められているのは、社会から各家庭に求められている就労と就学の双方の役割遂行をいかに調整して、安心して寛げる家庭生活を保障するかである。就学に関しては、そもそも教育保障の在り方として就学義務を課すべきなのかどうかという点から見直しの声も上がっている。そのことを考えれば、いま求められているのは、働くということと学ぶということ、そして安寧に生活するということをどのように適切な形で保障し、人々が幸せに暮らしていけるかを考えることだと言える。こうした人々の暮らしの全体を捉えないまま、社会の求めに応じて、就労、就学のそれぞれの充実を図ろうとする施策は、人々をますます疲弊させていくだけなのではないだろうか。(6)

6．残された課題——子どもが抱える困難の究明

最後に、残された課題として、小学校等への就学において子どもが抱える困難の究明と対応策の検討を挙げておきたい。

本書では保護者の視点から、子どもの就学時に各家庭が経験する様々な困難を明らかにしてきた。そして、その範囲で子どもが抱える困難についても触れてきた。その中で浮かび上がってきたのは、共働き世帯での「綱渡りの生活」の中で、子どもにも多くのストレスがかかっていることである。「小一の壁」対策として、小学校の開門時間を早めることや、放課後の学童保育の増設や時間延長が講じられているが、それらの対応は保護者の長時間勤務を前提とするものであり、子どもの生活そのものが改善されるわけではない。彼らが学童保育から帰宅後に慌ただしく時間を過ごしている様子は報告した通りである。さらにひとり親世帯で暮らす子どもは、よりいっそう厳しい状況に置かれている。こうした子ども自身が抱えている困難を、まさにリッジの言う「子ども中心のアプローチ」により解明する必要がある。(7)

子ども、とりわけ小学校に通う児童の問題は、学校での指導の問題として扱われてきた。一九九〇年代末から、小学校一年生の子どものクラスでの荒れは「小一プロブレム」として問題にされてきたが、それはその一例である。しかし、本書で明らかにしたように、その後、家庭をとりまく状況は大きく変化した。近年しばしば指摘されているのが、小学校低学年の子どもの問題行動や不登校の増加であるが、それらの行為を彼らの生活の状況と関連付けて理解し、必要な対応策を図っていくことが求められている。

近年の小学校一年生の問題行動として、注目されていることの一つに暴力行為の激増がある。文部科学省が毎年実施している「児童生徒の問題行動・不登校等生徒指導上の諸課題に関する調査」(8)によれば、二〇二二年度の小学校一年生の加害児童数は六五六九件であった。小学校六年生でも七五三九件であり、それと大差がないほどの件数に達している。

しかし、小一プロブレムが問題になっていた一九九九年に報告された小学一年生の加害児童数はわずか四三件であった。二〇二二年の一五〇分の一以下である。また、一九九九年の六年生の件数は八七八件であり、それと比べても二〇分の一でしかない。

これは統計のとり方の違いによる部分があるかもしれない。しかし、激増する一年生の暴力行為の背後に、過重な負担をかけられた家庭の状況があるとすれば、前節で指摘した安寧な家庭生活の実現は、子どもにとっても急務である。この例をとってみても、子どもの就学と保護者の就労、家庭生活を相互に関連付けて、子どもが抱える困難の分析とそれを踏まえた対応策の検討が求められている。

注

(1)　試みに東京都内のいくつかの自治体の公立小学校における二〇二五年度入学予定者に対する入学説明会を調べ

て見た結果は次のとおりである。自治体によっては土曜日開催の多い学校も見られる。荒川区、北区、大田区、葛飾区、世田谷区、東大和市、府中市、武蔵野市、三鷹市　全校が平日開催。文京区は二〇校中一九校が平日開催。一校は土曜日。品川区は小学校と義務教育学校（前期課程）の計三七校中、平日開催二〇校、土曜日開催一九校。二校は平日と土曜日の二回開催。

（2）朝日新聞オンライン「学校開門は七時　豊中市が始めた「小一の壁」対策、多くの利用に驚き」二〇二四年九月六日　六時〇〇分

（3）ただし、二〇二五年四月より、子の看護等休暇が小学校三年生の終了まで、一年度あたり五日まで取得できるようになった。これは子どもの病気やけが、学級閉鎖、入学式などを理由に取得できるものである。

（4）額賀・藤田（2022）は、就労する母親が「母親として」子育てにもしっかり携わることが求められていること、その中で彼女たちは仕事と母親業を「織り合わせる」戦略を多様な形で実践していることを明らかにしている。

（5）二〇〇六年に改訂された現行の教育基本法第一〇条第一項では、「父母その他の保護者は、子の教育について第一義的責任を有するものであって、生活のために必要な習慣を身に付けさせるとともに、自立心を育成し、心身の調和のとれた発達を図るよう努めるものとする。」と規定された。また、第2項では、国と地方公共団体は家庭教育を支援するために必要な施策を講ずることが努力義務として明記された。

（6）保坂（2024）は、児童生徒の欠席、教師の休職・病休や、部活動やスポーツでの「休むこと」の大切さ、会社員や公務員の長時間労働（休まないこと）、などのトピックを、「休むこと」と括ることにより、日本社会の在り方全体に警鐘を鳴らし、休むことの重要性を訴えている。「余裕時間」や「休むこと」を含めて生活全体を見直していかないことには、人々が抱える困難は軽減しないものと思われる。

（7）保護者や高学年の児童や中高生とは異なり、小学校一年生の子どもには、自らの抱えている困難を的確に言語化することは難しい。このこともあり、彼らの「問題行動」は、どうしても指導的な観点から対応が図られることとなり、その背後にある彼らの抱えているつらさやしんどさが理解されることは少ない。低年齢の子どもを対象にして、いかにして「子ども中心のアプローチ」により、彼らの生活や人間関係、心理に迫ることができるかが重要な課題となっている。

（8）　旧調査名は「児童生徒の問題行動等生徒指導上の諸問題に関する調査」。

あとがき

本書は、「小一の壁」の社会問題化を手がかりに、今の日本社会において学校と家庭はどのような関係にあるのかを究明しようとしたものである。高度経済成長期、学校は自明の存在であり、学校に通うのは当たり前であったが、一九七〇年代末から不登校が増え始め、今日では三四万人に達している。ただし、もう少し過去にさかのぼってみると、学校に通うことは全く自明のことではなく、多くの子どもは就学を求められても学校に行かない、あるいは長期にわたり欠席していた。そのように見れば、学校制度は高度経済成長期の一時期安定を見せたものの、再び揺らぎを見せ始めているように見える。

これまでは不登校現象の理解や支援に関心が持たれてきたが、現在はすでにそうした個別の問題を越えて、就学することで教育を保障しようとしてきた日本の公教育の在り方そのものが問われている。そして、このような状況認識に立てば、我々は改めて家庭と学校との関係をつぶさに見ていく必要があるのではないか。今日の社会で生活する各家庭にとって、学校とはどのようなものとして映っているのか、彼らは学校のどのようなところに不満や困難を抱いているのかを丹念に明らかにするところから、そうした家庭で暮らす子どもの教育保障の在り方を再編成していく必要がある。

このような問題意識に基づいて、我々は二〇一八年度からプロジェクトをスタートさせた。しかし、各家庭にアクセスして話を聞くことはかなり難しい。最初は比較的アクセスしやすい共働き世帯の保護者がどのような困難を抱えているのかを描こうと試みた。

しかし、二〇二〇年になると新型コロナウイルス感染症の感染拡大により、保護者に会って話を聞くという調査そのものが困難になった。このため、二〇二〇年は、我々はWEBアンケートを用いて、コロナ禍による一斉休業における就学の経験を記録しようと試みた。そのねらいの一つは、この特異な状況下で苦労された各家庭の状況を克明に記録にとどめたいということであったが、それとともに、こうした特異な状況下だからこそ浮かび上がる学校の特性を捉えたいというねらいもあった。

そして、コロナ禍が収束を見せはじめたころから我々はようやくインタビュー調査を再開した。この時に我々が目指したのは、さまざまな困難な状況にある世帯の保護者に話を聞くことであった。具体的には障害のある子どもを育てている世帯、ひとり親世帯の保護者である。その後、外国で生活する保護者はどのような困難を抱えているのかという点についても触れようということとなり、イギリスに出向いて調査を敢行した。

我々が採った方法は、支援者を介してインタビュー協力者を募ることであった。障害のある子どもを持つ保護者については、小学校の特別支援学級で教えていらっしゃる複数の先生から、我々の調査に協力してくださる保護者を紹介していただいた。また、ひとり親世帯の保護者調査では、母子生活支援施設の施設長に協力いただいた。さらに、イギリスでの調査では本学の大学院生の親族でイギリス在住の方に協力を得ることができた。なお、このほか外国から来日し両親とも就労している世帯にも支援者を介して二世帯の保護者に調査したが、その後調査が進んでいないため、今回はこの点についての分析は割愛した。

本書は当初、もう少し概括的に家庭と学校の今日的関係を描こうとして企画された。しかし、勁草書房に本書の企画書を提出したところ、編集部の方から「小一の壁」をメイントピックにしてまとめてはどうかとのアドバイスをいただき、問題設定や叙述を大幅に見直した。「小一の壁」を中核に据えたことで見えてきたのは、この言葉が政府の家庭支援のキーワードになっていることであった。我々は当初、家庭と学校との軋轢を保護者自身の生活の実態から読み解こうとしたが、「小一の壁」の社会問題化は女性の労働力活用を求める首相サイドからの問題提起という面があることが分かると、見え方が大きく変わってきた。

今日の社会において、家庭は文部科学省からは教育の第一義的責任を求められるが、他方で一般行政からは労働力の提供が求められている。保護者は二重の期待を課せられ、相互の調整はない。それゆえ、就労しながら子育てをするということは非常に負担感の多い営みとなっている。この点は、「小一の壁」というお題をいただいてから気づかされた点であり、編集担当の方々の世相をキャッチする鋭敏さには本当に感謝している。

また、「小一の壁」をメイントピックに据えるという方針になったことで、既出の論文をもとにしながらも、まったく新たに書き起こした。本書の四章、六章、七章は、以下の既出論文を基にしているが、本書では、各章を新たに書き起こした者を各章の著者としている。もちろん、いずれの章も研究グループのメンバーによる様々な示唆を得て書いたものである。

酒井朗・谷川夏実・林明子（2020）「幼児教育から小学校教育への移行における子どもの生活の変化」『上智大学教育学論集』（五四）八九―一〇八頁。
酒井朗・伊藤秀樹・谷川夏実・林明子（2021）「コロナ禍における小学校就学時の子どもと保護者の生活――Ｗｅｂ調査の結果をもとに」『上智大学教育学論集』（五五）五九―七六頁。
酒井朗・谷川夏実・林明子（2022）「コロナ禍における幼児教育から小学校教育への移行――Ｗｅｂ調査の結果をもとに」『上智大学教育学論集』（五六）五九―七二頁。

酒井朗・鈴木菖（2023）「障害のある子どもを持つ保護者にとっての就学――特別支援学級への就学に着目して」『上智大学教育学論集』（五七）三七―五四頁。

本書の調査に協力くださった保護者の皆様には心より感謝申し上げます。ご家庭のこと、お子さまのことについて、我々の細かな問いかけに大変丁寧にお答えくださったことで、我々は多くの学びを得ることができました。本書が皆さまを含め、様々な境遇のもとで暮らされている保護者の方々やお子さま方が安心した生活を送られるうえで、少しでもお役に立てばと願うばかりです。

また、我々の調査に協力してくださる保護者を紹介していただいた特別支援学級の先生方や母子生活支援施設の施設長の皆さまにも心から御礼申し上げます。母子生活支援施設の施設長につないでくださった上智大学で児童福祉学を担当されている新藤こずえ先生にも御礼申し上げます。さらにイギリスでの調査では上智大学大学院生の黒田協子さんのご親族にも協力いただきました。これらの方々のご協力がなければ今回の調査は実施できませんでした。

最後に、勁草書房編集部の藤尾やしおさんには、本書の企画の当初より大変お世話になりました。藤尾さんにお世話になったのは二〇〇七年刊行の『進学支援の教育臨床社会学――商業高校におけるアクションリサーチ』、二〇一四年刊行の『教育臨床社会学の可能性』に続く三冊目です。商業高校のアクションリサーチを日本教育社会学会などで研究発表していたころから、ほぼ二〇年間にわたり継続して我々の研究に関心を持ってくださり、大いに励まされて参りました。ここに改めて御礼申し上げます。

二〇二五年一月

酒井　朗

＊なお、本調査研究プロジェクトは、日本学術振興会による下記の二件の科学研究費の助成を受けて実施された。
酒井朗「困難を抱える子どもの就学における排除と包摂に関する研究――「資源」概念に基づいて」基盤研究（C）2016-2020
酒井朗「排除型社会における包摂的学校文化の醸成に関する研究――就学前教育と義務教育を中心に」基盤研究（C）2020-2023

執筆者紹介（執筆順）

酒井　朗（さかい　あきら）［編者，序章，一～四章，六章，七章，終章］

東京大学大学院教育学研究科博士課程単位取得退学

現在：上智大学総合人間科学部教授

主著：『新・教育の社会学 ──〈常識〉の問い方，見直し方』（共著，有斐閣，2023年），『現代社会と教育』（編著，ミネルヴァ書房，2021年），『教育臨床社会学の可能性』（勁草書房，2014年），『よくわかる教育社会学』（編著，ミネルヴァ書房，2012年），『保幼小連携の原理と実践 ── 移行期の子どもへの支援』（共著，ミネルヴァ書房，2011年），『進学支援の教育臨床社会学』（編著，勁草書房，2007年）

林　明子（はやし　あきこ）［五章］

大妻女子大学大学院人間文化研究科博士後期課程修了．博士（生活科学）

現在：大妻女子大学家政学部専任講師

主著：『大人になる・社会をつくる ── 若者の貧困と学校・労働・家族（シリーズ・子どもの貧困4）』（分担執筆，明石書店，2020年），『半径5メートルからの教育社会学』（分担執筆，大月書店，2017年），『生活保護世帯の子どものライフストーリー ── 貧困の世代的再生産』（勁草書房，2016年）

鈴木　菖（すずき　あやめ）［六章，八章］

現在：上智大学大学院総合人間科学研究科博士後期課程

主論文：「福祉事業型専攻科に通う知的障害のある青年が抱える困難と支援の特徴 ── Y専攻科でのフィールド調査を通して」『社会教育学研究』60巻2号（2024年），「障害者青年学級における知的障害者への自律支援の過程 ──『関係的自律』を手がかりに」『ソシオロゴス』第46号（2022年），「インドの教育現場におけるろう文化」『大妻女子大学人間生活文化研究』27号（2017年）

伊藤　秀樹（いとう　ひでき）［七章］

東京大学大学院教育学研究科博士課程単位取得退学．博士（教育学）

現在：東京学芸大学教育学部准教授

主著：『生徒指導・進路指導 ── 理論と方法　第三版』（共編著，学文社，2024年），『インクルーシブな教育と社会 ── はじめて学ぶ人のための15章』（分担執筆，ミネルヴァ書房，2024年），『高等専修学校における適応と進路 ── 後期中等教育のセーフティネット』（東信堂，2017年）

索　引

ア　行

カ　行

サ　行

タ　行

ナ　行

ハ　行

マ　行

ヤ　行

ラ　行

引用文献

秋田喜代美・第一日野グループ，2013，『保幼小連携 ── 育ちあうコミュニティづくりの挑戦』ぎょうせい．

芦田祐佳，2023，「保育・幼児教育の理解が小学校の教育活動に与える影響」『保育学研究』61（2），31-42.

池本美香，2009，「日本の放課後対策の課題」池本美香編著『子どもの放課後を考える ── 諸外国との比較でみる学童保育問題』勁草書房，203-228.

池本美香，2014，「イギリスにおける子どもの放課後支援」『学童保育：日本学童保育学会紀要』4，3-12.

伊佐夏実編著，志水宏吉監修，2019，『学力を支える家族と子育て戦略 ── 就学前後における大都市圏での追跡調査』明石書店．

今橋盛勝，1983，『教育法と法社会学』三省堂．

岩立京子，2012，「保育の歩み（その 1）幼保小連携の課題と今後の方向性」『保育学研究』50（1），76-84.

岩上真珠，2011「日本の家族・世帯の変動 ── 未婚化，少子・高齢化，個人化のなかで」『生活協同組合研究』423，5-12.

埋橋玲子，2011，「労働党政権下（1997—2010）におけるイギリスの幼児教育・保育政策の展開」『同志社女子大学学術研究年報』62, 83-92.

江原由美子，1985，『生活世界の社会学』勁草書房．

大阪府教育委員会，1999，「教育改革プログラム」．

大谷尚，2019『質的研究の考え方 ── 研究方法論から SCAT による分析まで』名古屋大学出版会．

大桃敏行・背戸博史編，2020，『日本型公教育の再検討 ── 自由，保障，責任から考える』岩波書店．

大桃敏行，2020，「日本型公教育の再検討の課題」，同上書，1-12.

岡本恵太，2015，「学校における児童の新たな行動様式はどのように成立するか」『教育社会学研究』97，67-86.

荻野昌秀，前川圭一郎，2022，「特別な支援を要する年長児の保護者に対する就学移行支援を目的としたペアレントトレーニングの実践」『発達障害研究』44（1），75-85.

小田博志，2010，『エスノグラフィー入門 ── 〈現場〉を質的研究する』春秋社．

小野奈生子，2012，「学校的社会化についての一試論 ── 「推論実行機械」概念

の利用可能性」『共栄大学研究論集』10，235-254.
Office for Standards in Education, 2004, Transition from the Reception Year to Year 1: an Evaluation by HMI（HMI 2221）. London: OFSTED.
柏木敦，2012,『日本近代就学慣行成立史研究』学文社.
学級経営研究会，2000,「学級経営をめぐる問題の現状とその対応――関係者間の信頼と連携による魅力ある学級づくり」『学級経営の充実に関する調査研究　最終報告書』.
学校不適応対策調査研究協力者会議，1992,「登校拒否（不登校）問題について――児童生徒の「心の居場所」づくりを目指して 学校不適応対策調査研究協力者会議報告」.
加藤美帆，2012,『不登校のポリティクス――社会統制と国家・学校・家族』勁草書房.
GOV.UK, 2023a, "Education Inspection Framework"（2024 年 9 月 15 日取得，https://www.gov.uk/government/publications/education-inspection-framework/education-inspection-framework-for-september-2023）
GOV.UK, 2023b, Types of School 2023,（2023 年 12 月 27 日取得，https://www.gov.uk/types-of-school）
GOV.UK, 2023c, "Education Inspection Framework"（2024 年 9 月 15 日取得，https://www.gov.uk/government/publications/education-inspection-framework/education-inspection-framework-for-september-2023）
GOV.UK, 2023d, "Types of School"（2023 年 12 月 27 日取得，https://www.gov.uk/types-of-school）
神原文子，2011,『子づれシングル　ひとり親家族の自立と社会的支援』明石書店.
神原文子，2014,『子づれシングルと子どもたち――ひとり親家族で育つ子どもたちの生活実態』明石書店.
ギアーツ，C., 吉田禎吾・柳川啓一・中牧弘允・板橋作美訳，1987,『文化の解釈学 I』岩波書店.
北澤毅，2011a,「『学校的社会化』研究方法論ノート――『社会化』概念の考察」『立教大学教育学科研究年報』54，5-17.
北澤毅，2011b,「学校的社会化の問題構成――「児童になる」とはどういうことか」北澤毅編『〈教育〉を社会学する』学文社 212-237.
キツセ，J. I., スペクター，M.B., 村上直之訳，1990,『社会問題の構築――ラベリング理論をこえて』マルジュ社.
木下光二，2019,『遊びと学びをつなぐこれからの保幼小接続カリキュラム――事例でわかるアプローチ&スタートカリキュラム』チャイルド社.

木下康仁，2020，『定本 M-GTA　実践の理論化をめざす質的研究方法論』医学書院.
木村元，2006，「漁村における草創期の新制中学校 —— 茨城県磯浜中学校の場合」，『〈教育と社会〉研究』16，12-17.
久保木匡介，2019，『現代イギリス教育改革と学校評価の研究 —— 新自由主義国家における行政統制の分析』花伝社.
厚生労働省，2022，「2021（令和 3）年　国民生活基礎調査の概況」
厚生労働省，2022，「令和 3 年度 全国ひとり親世帯等調査結果報告」（令和 3 年 11 月 1 日現在）.
厚生労働省，2024，『令和 5 年　社会福祉施設等調査の概況』.
子ども家庭庁，2024，『児童養護施設入所児童等調査の概要』（令和 5 年 2 月 1 日現在）.
小林正泰，2015，「戦後新学制下における長期欠席問題 —— 文部省による問題把握と施策の分析」『学校教育研究』30，66-79.
小針誠，2009，『〈お受験〉の社会史 —— 都市新中間層と私立小学校』世織書房.
子吉知恵美，2010，「就学前の発達障害児の支援体制について —— 継続支援のための一考察」『石川看護雑誌』7，45-57.
今後の仕事と家庭の両立支援に関する研究会，2008，『「子育てしながら働くことが普通にできる社会の実現に向けて」 —— 今後の仕事と家庭の両立支援に関する研究会報告書』厚生労働省.
酒井朗，1997，「文化としての指導／teaching —— 教育研究におけるエスノグラフィーの可能性」平山満義編著『質的研究法による授業研究 —— 教育学／教育工学／心理学からのアプローチ』北大路書房，86-103.
酒井朗，2014，『教育臨床社会学の可能性』勁草書房.
酒井朗，谷川夏実，2019，「就学における選択と選別の社会学的研究」『上智大学教育学論集』53，45-60.
酒井朗，谷川夏実，林明子，2020，「幼児教育から小学校教育への移行における子どもの生活の変化」『上智大学教育学論集』54，89-108.
酒井朗，伊藤秀樹，谷川夏実，林　明子，2021，「コロナ禍における小学校就学時の子どもと保護者の生活 —— Web 調査の結果をもとに」『上智大学教育学論集』55，59-76.
酒井朗，谷川夏美，林明子，2022，「コロナ禍における幼児教育から小学校教育への移行 —— Web 調査の結果をもとに」『上智大学教育学論集』56, 59-72.
酒井朗，鈴木菖，2023「障害のある子どもを持つ保護者にとっての就学 —— 特別支援学級への就学に着目して」『上智大学教育学論集』57，37-54.
坂井直樹，李熙綾，土井幸輝，土屋忠之，内田潤一，牧野泰美，2021，「保護者

への調査からみられる就学先決定に関する課題とその解決に向けた考察――フォーカス・グループ・インタビューによる調査の結果から」『国立特別支援教育総合研究所研究紀要』48，14-29.

佐藤智恵，2013，「特別な支援が必要な子どもの保育所から小学校への移行に関する研究」『保育学研究』51（3），393-403.

Sanders, D., White, G., Burge, B., Sharp, C., Eames, A., McEune, R., & H. Grayson, 2005, A Study of the Transition from the Foundation Stage to Key Stage 1, National Foundation for Educational Research.

City of Westminster, 2023, "Primary School Admissions-Hints and Tips 2024-"（2023年12月27日取得，https://www.westminster.gov.uk/education/school-admissions/starting-primary-school-september-2024）

清水美紀，加藤美帆，小玉亮子，2017，「接続期の親たちの期待と不安」小玉亮子編『幼小接続期の家族・園・学校』東洋館出版館，40-53.

下浦忠治，2007，『放課後の居場所を考える――学童保育と「放課後子どもプラン」』岩波書店.

下村哲夫，1998，「義務教育観の変容」『教育制度学研究』5，6-16.

シュッツ，A. &ルックマン，T.，那須壽監訳，2015，『生活世界の構造』筑摩書房.

新保真紀子，2001，『「小1プロブレム」に挑戦する――人権教育をいかした学級づくり1』明治図書.

須崎暁世，2019，「母子生活支援施設における支援の検討――心理的支援と『第三者の人』の持つ意味」『神戸山手大学紀要』21，81-96.

角知行，2014，「日本の就学率は世界一だったのか」『天理大学人権問題研究室紀要』17，19-31.

清矢良崇，1994，『人間形成のエスノメソドロジー――社会化過程の理論と実証』東洋館出版社.

関維子，2019，「〈研究ノート〉障害のある子どもを持つ保護者（母親）の就労に関する文献検討――障害児の保護者のワーク・ライフ・バランスに関する予備的研究」『田園調布学園大学紀要』（13），161-175.

高田一宏，2000，「『小1プロブレム』を乗り越える」『解放教育』30（9），9-16.

高野牧子・堀井啓，2013，「イギリスにおける幼小連携の現状と課題（その一）――ロンドンにおける事例調査から」『山梨県立大学人間福祉学部紀要』第八巻，37-48.

棚田洋平，2011，「日本の識字学級の現状と課題――「2010年度・全国識字学級実態調査」の結果から」『部落解放研究：部落解放・人権研究所紀要』192，2-15.

中央教育審議会答申，2008，「幼稚園，小学校，中学校，高等学校及び特別支援学校の学習指導要領等の改善について」.

中央教育審議会初等中等教育分科会幼児教育と小学校教育の架け橋特別委員会，2023，「学びや生活の基盤をつくる幼児教育と小学校教育の接続について――幼保小の協働による架け橋期の教育の充実（審議まとめ）」.

土屋葉，2002，『障害者家族を生きる』勁草書房.

鶴田真紀，2011，「学校的ルーティンの産出にみる社会化機能――小学校1年生の帰りの会に着目して」『立教大学教育学科研究年報』54，51-62.

鶴田真紀，2021，「『自閉症児の親』の構成――療育の准専門家になることをめぐって」『教育社会学研究』108，227-247.

鶴宮慶，2022，「通常の学級在籍児童の特別支援学級への転籍に関わる教師の認識と方略――教師と保護者の合意形成のプロセスに着目して」早稲田大学大学院教育学研究科紀要：別冊30（1），157-168.

Department for Education, 2014, Provision for Children Under Five Years of Age in England, Statistical First Release,（2024年9月22日取得，https://getintoteaching.education.gov.uk/train-to-be-a-teacher/qualifications-you-need-to-teach）

―――, 2024, "What qualifications do I need to be a teacher?",（2024年9月22日取得，https://getintoteaching.education.gov.uk/train-to-be-a-teacher/qualifications-you-need-to-teach）

東京学芸大学「小1プロブレム」研究推進プロジェクト，2010，『小1プロブレム研究推進プロジェクト報告書：平成19年度～平成21年度』.

独立行政法人労働政策研究・研修機構，2023，「データブック国際労働比較2023 第八-二-三表　イギリスの学校系統図」（2023年12月27日取得，https://www.jil.go.jp/kokunai/statistics/databook/2023/08/d2023_8T-02-3_jp.pdf）

中根成寿，2006，『知的障害者家族の臨床社会学：社会と家族でケアを分有するために』明石書店.

National Careers Service, 2024, "Teaching Assistant"（2024年9月22日取得，https://nationalcareers.service.gov.uk/job-profiles/teaching-assistant）

西原博史，2013，「親の教育権と子どもの権利保障」『早稲田社会科学総合研究』14（1），65-75.

西原みゆき，服部淳子，山口桂子，2014，「障害のある子どもの就学がもたらす母親の生活の変化」『家族看護学研究』19（2），101-113.

西原みゆき，山口桂子，2016，「障がいのある子どもの就学以降に母親が体験した家族への関わりの様相」『家族看護学研究』21（2），118-131.

額賀美紗子，藤田結子，2022，『働く母親と階層化――仕事・家庭教育・食事を

めぐるジレンマ』勁草書房.
B. B. Bernstein, 1975, ‘Class and pedagogies: visible and invisible.’ in, B. B. Bernstein, Class Codes and Control, vol. 3: Towards a Theory of Educational Transmissions, London: Routledge and Kegan Paul.
春木裕美，2015，「障害児の母親の就労に関連する要因」『発達障害研究』37（2），174-185.
春木裕美，2019，「学齢期の障害児を育てる母親の就業についての実態調査」厚生労働統計協会編『厚生の指標』66（7），26-35.
Palmer, A., 2016, “Nursery schools or nursery classes? Choosing and failing to choose between policy alternatives in nursery education in England, 1918-1972”, *History of Education*, 45（1）, 103-121.
土方苑子，1994，『近代日本の学校と地域社会 —— 村の子どもはどう生きたか—』東京大学出版会.
福元真由美，2014，「幼小接続カリキュラムの動向と課題 —— 教育政策における２つのアプローチ」『教育学研究』81（4），396-407.
Flatley, J., Connolly, H., Higgins, V., Williams, J., Coldron, J., Stephenson, K., Logie, A. & N. Smith, 2001, Parents’ Experiences of the Process of Choosing a Secondary School（Research Report; RR278）, Department for Education and Skills.
保育園を考える親の会編著，2015，『「小１のカベ」に勝つ』実務教育出版.
保坂亨，2024，『学校と日本社会と「休むこと」——「不登校問題」から「働き方改革」まで』東京大学出版会.
松嵜洋子，2018，「幼児教育の学びを生かしたスタートカリキュラムの実践」『千葉大学教育学部研究紀要』66（2），91-98.
三原芳一，1988，「1890 年代の学齢児童不就学とその変容」本山幸彦，教授退官記念論文集編集委員会編『日本教育史論叢 —— 本山幸彦教授退官記念論文集』思文閣出版，181-197.
宮口誠矢，2020，「就学義務制の再考」大桃敏行・背戸博史編『日本型公教育の再検討 —— 自由，保障，責任から考える』岩波書店，39-62.
椋田善之，2014，「幼稚園から小学校の移行期における保護者の子どもへの期待と不安の変容過程 —— 入学前と入学後の保護者へのインタビューを通して」『東京大学大学院教育学研究科紀要』53，233-246.
メリアム，S. B.，堀薫夫，久保真人，成島美弥訳，2004，『質的調査法入門 —— 教育における調査法とケース・スタデイ』ミネルヴァ書房.
望月由起，2011，『現代日本の私立小学校受験 —— ペアレントクラシーに基づく教育選抜の現状』学術出版会.

文部科学省，2022,「就学校の指定・区域外就学の活用状況調査について」(2023年12月15日取得，https://www.mext.go.jp/content/20230324-mxt_syoto02-000028555_1.pdf)

栁澤靖明，福嶋尚子，2019,『隠れ教育費 —— 公立小中学校でかかるお金を徹底検証』太郎次郎社エディタス.

矢野眞和，1995,『生活時間の社会学 —— 社会の時間・個人の時間』東京大学出版会.

山田可織，2008,「『軽度発達障害』児とその親の現実 —— 親の語りを通して」臨床教育人間学会編『臨床教育人間学 3 生きること』東信堂，97-114.

結城忠，1994,『学校教育における親の権利』海鳴社.

United Nations Educational, Scientific and Cultural Organization, 2010, Caring and Learning Together, Paris: UNESCO.

吉利宗久，林幹士，大谷育実，来見佳典，2009,「発達障害のある子どもの保護者に対する支援の動向と実践的課題」『岡山大学大学院教育学研究科研究集録』141，1-9.

Rist, R., 1970, “Student Social Class and Teacher Expectations: The Self-fulfilling Prophecy in Ghetto Education”. Harvard Educational Review, 40, 411-451.

リッジ，T., 中村好孝，松田洋介訳，渡辺雅男監訳，2010,『子どもの貧困と社会的排除』桜井書店.

渡邊充佳，2016,「自閉症児の就学をめぐる母親の葛藤の構造」『社会福祉学』57(2)，57-67.

「小一の壁」を検証する
就学の社会学

2025年2月20日　第1版第1刷発行

編著者　酒《さか》　井《い》　　朗《あきら》
発行者　井　村　寿　人

発行所　株式会社　勁《けい》　草《そう》　書　房
112-0005 東京都文京区水道2-1-1　振替 00150-2-175253
（編集）電話 03-3815-5277／FAX 03-3814-6968
（営業）電話 03-3814-6861／FAX 03-3814-6854
精興社・松岳社

ISBN978-4-326-25182-7　　Printed in Japan